KB237387

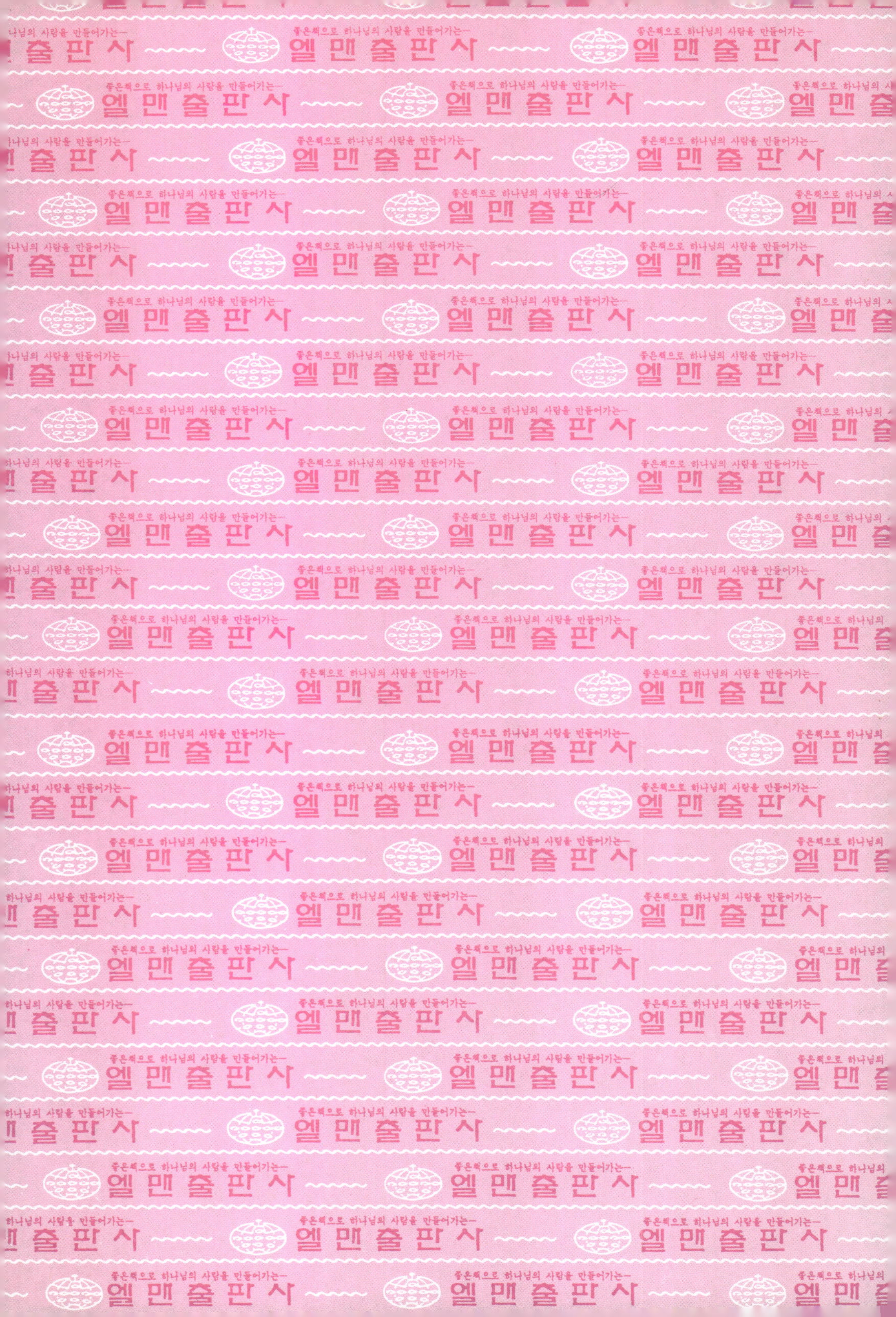
좋은책으로 하나님의 사람을 만들어가는—
엘맨출판사

하나님이 약속하신

부흥이 오고 있다

엄 복 용 목사

좋은 책으로 하나님의 사람을 만들어가는

엘 맨

부흥이 오고 있다

부흥의 비전

크리스천이라면 누구나 부흥을 소망합니다. 세상에 태어나서 천국에 가는 날까지 인생은 많은 고난을 경험합니다. 그럴 때마다 부흥이라는 단어가 우리들의 머리를 스쳐갑니다. 부흥을 맞이한 성도와 교회는 새로운 비전과 용기 그리고 생명력을 잃지 않습니다.

이제 <하나님이 약속하신 부흥이 오고 있다>란 책이 여러분에게 부흥을 가져오게 할 것입니다. 부흥을 소망하는 목회자, 신학생, 평신도들은 부흥이 있어야 합니다. <하나님이 약속하신 부흥이 오고 있다>는 외적인 부흥뿐 아니라 내적인 부흥도 일으키고 있습니다. 과거 역사에서 일어난 부흥이 이 시간에도 일어나고 있음을 보여주고 있습니다.

엄복용 목사의 깊은 묵상과 영성은 이 책을 읽는 여러분의 마음을 뜨겁게 하여서 IMF의 고난에서 벗어나게 할 것입니다. 그 약속은 바벨론 70년 포로에서 이스라엘이 회복되는 모습에서 찾을 수 있습니다.

끝으로, 이 책은 우리의 부흥운동에서 없어서는 안될 부흥의 교과서가 될 것입니다.

성결교대학교 총장
성 기 호 목사

강단의 리바이벌

하나님의 사람은 미래를 바라봅니다. 구약에서의 하나님은 선지자를 통하여 그 분의 계획과 약속을 이루었습니다. 하나님은 선지자의 입으로 미래의 사건들을 말하게 했습니다.

오늘날은 이미 우리의 손 안에 있는 성경말씀의 해석으로 교회 강단과 성경공부 모임에서 부흥의 역사가 일어나고 있습니다. 말씀이 살아있는 교회는 부흥이 일어납니다. 부흥이 일어나는 교회들의 강단은 성령의 역사로 죽은 영혼을 살립니다. 에스라가 외친 하나님의 말씀은 듣는 사람들의 마음을 움직여 아멘 아멘으로 반응하게 했습니다.

진정으로 나는 이 책을 읽는 독자들에게 부흥이 일어날 것을 확신합니다. 봄이 지나고 여름이 지나 가을을 맞이한 단풍나무들이 사람들을 매혹케 하듯이 여러분의 교회와 가정, 그리고 일터에 부흥이 일어나는 역사가 있기를 바랍니다.

전 성결교 대학교 신학대학원장 이성주 목사

하나님이 바라시는 부흥을 기대하며

구약성경에서 예수님의 모습을 가장 인상깊게 표현한 성경이 이사야서입니다. 이사야서는 크게 2부분으로 나눌 수 있습니다. 전반부는 1장-39장이고, 후반부는 40장-66장입니다. 전반부는 구약에 대한 이야기를 했고 후반부는 신약에 대한 이야기를 했습니다.

이사야 후반부의 내용을 보면 세례 요한이 인용한 말씀으로 (40:3) 시작하여 네 부분에 걸친 종의 노래와 신약 사복음서의 내용들이 담겨있습니다. 이사야서에서의 클라이막스는 하나님의 아들의 죽음과 부활을 암시한 이사야 53장입니다. 그리고 61장에의 성령 강림과 새 하늘과 새 땅으로(65-66) 막을 내립니다. 이러한 모든 주제들은 후에 신약에서 다시 나타나고 있습니다.

이와 같은 내용들은 예수님이 탄생하기 700년 전에 이사야가 예언한 것입니다. 이것은 이스라엘의 부흥 곧 우리의 부흥입니다. 따라서 오늘날 부흥을 사모하는 목회자들에게, 성도들에게 부흥의 비전을 주며 한국 교회가 다시 한번 대부흥의 기회를 맞기를 바라는 마음으로 선지자 이사야가 예언한 말씀을 20번에 걸쳐 선포합니다.

이사야 40장-66장은 이스라엘 민족이 바벨론 포로 70년 간의 생활(BC. 586년부터 516년까지) 가운데서 회복되는 모습을 그리고 있습니다. 이 바벨론이란 도시는 지금의 이라크 남쪽 지방을 말합니다. 정확한 위치는 바그다드에서 남쪽으로 50마일 지점입니다. 이 바벨론은 바벨로니아의 수도로 정치·종교·문화의 중심지였습니다.

이스라엘은 고난과 투쟁의 역사를 가지고 있습니다. 두 강대국 이집트와 바벨로니아 사이에서 많은 고난을 겪었습니다. 쉽게 말하면 조선이 중국과 일본 사이에서 환란을 겪은 것과 같습니다. 고래 싸움에 새우등 터지는 꼴을 많이 당했습니다.

바벨로니아는 BC. 605 - 539년까지 이스라엘을 통치했습니다. 후에 페르시아의 고레스왕에 의해 바벨론 성이 무너지기 전까지 바벨로니아는 강대국의 상징이었습니다. 바벨로니아의 멸망으로 인해 유대인들은 고국으로 돌아갈 소망을 갖게 되었습니다. 결국 고레스왕의 칙령에 의해 유대인들을 고국으로 돌아가게 하여 성전을 재건하도록 허락했습니다.

고레스왕의 통치 기간은 BC. 539-529년입니다. 수십년 간의 고통의 옷을 벗고 하나님이 사용한 이방왕 고레스를 통하여 이제 이스라엘의 포로생활이 끝나는 나팔을 불고 있습니다. 이것을 우리는 제2의 출애굽이라고 부릅니다. 하나님의 백성들에게 부흥이 온 것입니다.

부흥은 하나님의 손에 달려 있습니다. 우리의 기도 소리를 하나님이 듣는다면 우리에게 부흥은 올 것입니다. 이스라엘 백성이 이집트에서 400년 간 종살이로 신음하는 기도의 소리를 하나님은 들으시고 모세를 세워 해방의 기쁨을 주었습니다. 하늘을 우러러 기도하는 사람의 기도는 하나님 아버지가 들으십니다. 오순절 성령 강림을 기다리며 기도하는 사람들에게 성령님이 내려 오셨습니다. 그리고 부흥이 왔습니다.

부흥(Revival)이란 무엇입니까? 부흥이란 말은 구약에서 250번 이상이나 사용했습니다. 이 단어는 회생, 삶, 회복, 소생, 보전, 치료, 번성, 번창, 구원, 부활 등 여러 가지 말로 번역되었습니다. 이것을 간추려 보면 부흥이란 개혁이며, 새로움이며, 회복이며, 부활입니다. 부흥은 잠자는 사람이 깨어나는 것이고, 죽어있는 사람이 살아나는 것입니다. 산 사람은 숨을 쉽니다. 부흥의 사람은 하나님과 함께 호흡합니다.

에스겔서를 보면 여호와께서 마른 뼈들에게 말씀하셨습니다. "내가 생기로 너희에게 들어가게 하리니 너희가 살리라"(겔 37:5, 6, 14; 욥 33:4; 왕상 17:22). 신약에서 누가복음에 나오는 탕자는 죽었다가 살았다고 했습니다(눅 15:24, 32; 계 20:5; 롬 14:9; 딤후 1:6).

또한 캠벨(Duncan Campbell)이라는 사람은 하나님과 동고동락하는 것이 부흥이라고 정의를 내렸습니다. 사도행전 2장에서는 오순절 성령 강림으로 사람들의 심령에 부흥이 일어났습니다. 이로 인해 교회가 탄생되었습니다.

부흥은 죄를 회개하며 하나님을 찾는 것입니다. 깨어진 가정이 하나로 되는 것입니다. 훔친 남의 집 물건과 돈을 돌려주는 것입니다. 절망 중에 있는 사람이 소망을, 어두움에 거한 사람이 빛을 보는 것입니다. 봄에 뿌린 씨앗이 싹이 나오는 것이 부흥입니다(빌 4:10).

"지존무상하며 영원히 거하며 거룩하다 이름하는 자가 이같이 말씀하시되 내가 높고 거룩한 곳에 거하며 또한 통회하고 마음이 겸손한 자와 함께 거하나니 이는 겸손한 자의 영을 소성케 하며 통회하는 자의 마음을 소성케 하려 함이라"(사 57:15).

1999년 이른 봄에
엄 복 용 목사

차 례

1. 부흥은 이미 시작되었다

성경을 읽어내려가다 보면 바벨론이란 말이 많이 나옵니다. 이 옛 바벨론은 오늘날 이라크의 남쪽 지방을 말하고 있습니다. 바벨론은 바벨로니아의 수도로서 정치적 종교적 중심지였습니다. 이 도시는 이라크의 수도 바그다드에서 남쪽으로 50마일 정도 떨어져 있는 곳입니다. 이 바벨로니아 제국은 BC. 605년-588년까지 이스라엘을 통치했습니다 [제 1차 포로 주전 606년 여호야김 3년(왕하 24:1-4), 제 2차 포로 주전 597년 여호야긴(왕하 24:8-17), 제 3차 포로 주전 588년 시드기야 9년(왕하 25:1-21)]. 하나님은 예레미야를 통해서 포로가 되는 가장 큰 이유는 우상을 섬긴 죄 때문이라고 말했습니다.

"여호와께서 그 모든 종 선지자를 너희에게 보내시되 부지런히 보내셨으나 너희가 듣지 아니하였으며 귀를 기울여 들으려고도 아니하였도다 이르시기를 너희는 각각 악한 길과 너희 악행에서 돌이키라 그리하면 나 여호와가 너희와 너희 열조에게 옛적에 주어 영원히 있게 한 그 땅에 거하리니 너희는 다른 신을

좇아 섬기거나 숭배하지 말며 너희 손으로 만든 것을 인하여 나
의 노를 격동치 말라 그리하면 내가 너희를 해치 아니하리라 하
였으나 너희가 내 말을 듣지 아니하고 너희 손으로 만든 것으로
나의 노를 격동하여 스스로 해하였느니라 여호와의 말이니라"
(렘 25:4-7).

하나님의 사랑은 끝이 없습니다. 그들이 단 한번의 완전 포
로로 끝내지 않고 20년 간 3임금 시대를 거치게 하면서 회개할
기회를 주었습니다. 그래도 회개하지 않자 하나님은 말씀하셨
습니다.

"이 온 땅이 황폐하여 놀램이 될 것이며 이 나라들은 칠십 년
동안 바벨론 왕을 섬기리라"(렘 25:11).

"내가 쇠멍에로 이 모든 나라의 목에 메워 바벨론 왕 느부갓
네살을 섬기게 하였으니 그들이 그를 섬기리라 내가 들짐승도
그에게 주었느니라"(렘 28:14).

이 말씀은 바벨론 1차 포로가 시작되기 20~30년 전에 이루어
진 말씀입니다(예레미야서가 기록된 연대는 주전 627-586년경).
결국 이스라엘 백성들의 불순종으로 인해 그들은 바벨론의
포로민이 되었습니다. 이스라엘은 곧 황폐해졌습니다. 그리고
그들의 신앙생활의 심장이라고 말할 수 있는 성전까지 무너졌
습니다. 교회가 무너졌다는 말입니다. 이스라엘의 죄악은 결국
나라를 빼앗기는 수치를 남겼습니다. 모두가 절망에 빠졌습니
다. 두려움으로 떨게 되었습니다. 가족을 잃었습니다. 그들의
삶은 희망이 없었고 흑암 속에서 살았습니다.
이러한 어두운 상황에서 하나님은 이사야 선지자의 입을 통
하여 말씀하십니다.

"그 복역의 때가 끝났고 그 죄악의 사함을 입었느니라"(사 40:2).

하나님은 주전 539년 고레스왕 원년에 바벨론 포로민 유대인들을 고향으로 돌아가게 했습니다. 또한 이 왕은 이스라엘 백성을 그들의 나라로 돌아가 성전을 재건하도록 허락했습니다. 이것을 우리는 제 2의 출애굽이라고 합니다.

오늘 이 역사적 사건은 우리에게 동떨어진 것이 아닙니다. 죄악의 포로가 된 우리, 아니 죄의 노예가 된 우리에게 그리스도께서 오셔서 그 괴로운 포로 생활에서 해방시킨 것입니다. 그분은 죄로 죽은 우리들에게 구원의 기쁜 소식을 전해주셨습니다. 절망에 있는 우리들에게 소망을 안겨주셨습니다.

어떤 조사에 의하면 오늘날 범죄는 매 6초마다 일어나고 있다고 합니다. 그 6초 안에 두 건의 강도 사건과 세 대의 자동차 도난사고가 일어난다고 했습니다. 또한 매 2초마다 폭력사고가 일어나고 있어서 매 2초마다 선한 사마리아인을 부르고 있다고 했습니다.

이사야 40:1-11 말씀에는 하나님이 포로된 우리들에게 주시는 위로의 메시지가 있습니다. 이것은 영적 포로생활에서의 해방을 주기 위한 것입니다.

1. 하나님은 우리의 포로생활을 끝내주신 분입니다.

하나님은 말씀하시기를 "나의 백성은 그들의 죄에 비해 갑절이나 무거운 형벌을 받았다"고 했습니다. 죄수들에게는 형량을 마치고 풀려난다는 사실이 매우 기쁜 소식일 것입니다. 나라 잃은 백성들은 주권마저 빼앗기고 지배국의 노예로 살아야만 했습니다. 그들에게 하나님은 새로운 메시지를 전해주고 있습니다. 그것은 용서와 위로와 해방의 말씀입니다. 이 말씀은 궁지에 빠져있는 사람들에게 기쁜 소식이 됩니다.

"복역의 때(hard service)는 끝났다"고 했습니다. 이 말은 군대에 징집되었다가 복무를 마치고 제대한다는 말입니다. 군에 입대한 사람은 입대일부터 제대할 날만 손꼽아 기다린다고 합니다. 여러분과 나는 지금 군복무를 하고 있습니다. 어려움을 당하고 있다는 말입니다. 풀려나는 날, 즉 해방되는 그 날 큰 잔치를 열어야 할 것입니다. 이때는 노역의 옷을 벗고 새로운 옷을 입어야 합니다. 하나님은 우리를 포로생활 가운데 내버려 두지 않습니다. 오늘 우리는 그분의 명령으로 풀려납니다.

요한복음 8장을 보면 서기관들과 바리새인들이 간음 중에 잡힌 여인을 예수님께 데려온 사건이 기록되어 있습니다. 모세의 율법에는 이런 여인을 돌로 쳐죽이라고 했으므로 이 여인이 예수님을 만나지 못했다면 죽었을 것입니다. 그러나 예수님은 "너희 중에 죄없는 자가 먼저 돌로 치라"고 했습니다. 이 말 한 마디가 여인을 죽음에서 구원했습니다. 오늘 우리가 만난 예수님은 우리를 어떠한 어려움에서든지 확실히 구원해 주시는 분입니다. 이것을 믿는 것이 우리에게 시작된 부흥입니다.

2. 하나님은 우리의 포로생활 가운데 오셨습니다.

"외치는 자의 소리여 가로되 너희는 광야에서 여호와의 길을 예비하라. 사막에서 우리 하나님의 대로를 평탄케 하라. 골짜기마다 돋우어지며 산마다, 작은 산마다 낮아지며 고르지 않은 곳이 평탄케 되며 험한 곳이 평지가 될 것이요"(사 40:3-4).

임금이 시골에 온다고 하면 동네 사람들이 총동원 되어 곁을

냅니다. 또한 발전되지 않은 지역에서 대통령이 나게 되면 그 지역은 자동적으로 모든 부분에 발전을 가져오게 됩니다.

하나님이 땅에 임재하였을 때 돌들은 제거되고 굽은 길은 곧아지고, 언덕은 낮아지고, 낮은 곳은 높여진다고 했습니다.

"말씀이 육신이 되어 우리 가운데 거하시매 우리가 그 영광을 보니 아버지의 독생자의 영광이요 은혜와 진리가 충만하더라"(요 1:1).

이것은 하나님 자신이 스스로 인간의 모습으로 우리 가운데 왔다는 것입니다. 우리는 주님을 모실 준비가 되어있어야 합니다. 우리의 모든 생활이 평안해야 합니다. 우리 앞에 펼쳐져 있는 잔잔한 호수처럼 평안을 유지해야 합니다. 그때 "여호와의 영광이 나타나고 모든 육체가 그것을 함께 보리라"고 했습니다 (사 40:5).

마태복음 25장에 나오는 열 처녀 중 슬기로운 다섯 처녀처럼 우리는 기름을 준비하고 신랑을 맞을 준비가 되어야 합니다. 신앙생활은 엉터리로 하고 어려울 때만 주님이 찾아오기를 기다린다면 오해를 한 것입니다. 쉬지 말고 기도하십시오. 신령과 진정으로 예배를 드리십시오. 열심을 다해 봉사를 하십시오. 그러면 여러분이 기도하고 예배하고 봉사하는 그 현장에 주님께서 찾아올 것입니다. 이러한 만남이 여러분에게 찾아온 부흥입니다.

3. 하나님의 약속은 영원합니다.

포로생활 가운데서도 사람들은 죽고 또 태어납니다. 그들이 가지고 있는 문화와 전통을 물려주지만 이러한 것들은 점점 사라져 갑니다. 70년의 포로생활은 결코 짧은 세월이 아닙니다. 많은 사람들은 고난이 싫어서 부와 권력과 명예와 자신의 건강을 잡으려고 하나님을 버리면서까지 좇아갑니다. 이것은 부흥이 아닙니다. 패망인 것입니다.

한 사람이 방송에서 간증하기를 자기는 담배와 술을 많이 하면서 세상이 바라는 부와 명예와 권력을 좇아가며 살았는데, 어느 날 꿈에 자신이 폐암에 걸려서 의사와 X-ray를 보면서 상담하는 꿈을 꾸었습니다. 그 후 그는 세상 것을 다버리고 주님만을 위하여 살아오게 되었다고 했습니다. 그는 말하기를 꿈이 자신의 생명을 구원했다고 했습니다.

세상을 향하는 사람은 하나님의 영원한 약속을 받을 수 없습니다. 그리고 영원한 부흥이 없습니다. 하나님 안에 영원한 약속의 부흥이 있습니다.

18세기 철학자 볼테르는 기독교를 비판했습니다. 그는 100년 안에 하나님의 말씀인 성경은 사라질 것이라고 단언했습니다. 그러나 그가 죽은 지 100년 안에 그가 살던 집은 성경을 인쇄하여 보급하는 장소가 되었습니다. 여러분, 세상의 아름다운 꽃들은 우리들에게 기쁨을 줍니다. 우리의 육신의 기쁨은 잠시입니다. 영원하지 않습니다. "풀은 마르고 꽃은 시드나 우리 하나님의 말씀은 영영히 서리라"고 했습니다. 영원한 약속은 하나님 안에 있음을 기억하시기 바랍니다.

4. 강한 목자이신 하나님이 우리를 지켜주십니다.

강한 목자는 적들로부터 우리를 안전하게 지켜주십니다. 강

한 목자 중에 한 사람인 어린 다윗은 자기가 양을 돌볼 때에
이리와 곰으로부터 양떼들을 지켰습니다. 어린 소년이었지만
그는 생명을 걸고 적과 싸웠습니다. 우리들도 약하고 가난하지
만 생명을 걸고 싸우면 우리 교회에 부흥이 올 것입니다. 또한
우리 가정과 직장이 크게 발전할 것을 믿습니다.

하나님의 임재를 느끼는 사람은 그분이 확실히 우리를 지켜
주신다는 것을 믿습니다. 지난주에 저는 로렌스 형제의 <하나
님의 임재 연습>이라는 책을 읽으면서 잠시 생각을 했습니다.
로렌스 형제는 40년 간이나 하나님의 임재 연습을 했습니다.
그리고 그는 하나님과 대화를 할 수 있는 사람이 되었습니다.
부엌에서 일하면서, 길을 걸으면서도, 기도를 하면서도 항상 그
는 주님과 대화를 했습니다.

그는 기도와 묵상 시간에 경건의 책을 읽으며 그냥 주님을
생각하지 않고 그분의 성품과 그 분의 모든 삶을 생각했다고
했습니다. 그는 부엌에서 계란 후라이 하나를 만드는 것도 천
사에게 대접하는 마음과 사랑으로 일했습니다. 로렌스 형제는
일방적으로 혼자서 중얼거리는 기도를 하지 않았습니다. 하나
님과 대화를 나누었던 것입니다.

제가 시골에서 자랄 때 우리 동네에 미친 여자가 있었습니
다. 그런데 항상 중얼거리며 다녔습니다. 제가 보기에 그녀는
정말 미쳤습니다. 그 미친 여자에게서 한 가지 찾을 수 있는
것은 그를 미치게 한 귀신과 함께 이야기하고 있는 것이었습니다.

이제 우리는 우리의 영혼을 지켜주시는 하나님과 대화하는
사람이 되시기 바랍니다. 구약의 모세처럼, 신약의 바울처럼,
그리고 성 프란시스코처럼 말입니다. 운전하면서 주님과 대화
를 해 보십시오. 환난이 왔을 때 폭풍을 잠잠하게 하시는 분을
불러서 여러분이 만난 환난을 멈추시도록 부탁하시기 바랍니

다. 그분은 여러분의 부탁을 거절하지 않습니다.

어떤 사람이 어느 날 밤 꿈을 꾸었습니다. 주님과 함께 바닷가를 거닐었는데, 그곳에는 하얀 모래가 끝없이 펼쳐져 있었습니다. 모래 위에는 두 사람의 발자국이 찍혀 있었습니다. 하나는 자신의 것이었고 또 하나는 주님의 것이었습니다. 그것은 그 사람이 이제까지 살아온 인생의 발자국이었습니다. 그는 자신을 유심히 돌아보았습니다. 그런데 나란히 찍혀 오던 두 사람의 발자국이 어느 순간에는 한 쪽만 찍혀 있었습니다. 그것도 한 번이 아니고 자주 그렇게 되었습니다. 그는 발자국이 한 쪽만 찍혀있는 순간들을 돌이켜 보았습니다. 그 때는 그의 인생에서 가장 비참하고 슬픈 순간들이었습니다. 그는 몹시 의아해서 주님께 질문을 했습니다.

"주님, 제가 주님께 저의 삶을 바치고 주님을 따르기로 했을 때 항상 저와 함께 계시겠다고 약속하지 않으셨습니까? 그런데 보십시오. 제가 가장 비참하고 슬플 때, 제가 가장 주님을 필요로 했을 그 순간에는 한 사람의 발자국밖에는 없지 않습니까? 함께 계시겠다고 하셨던 주님은 저를 떠나 있었습니다."

주님께서 대답하셨습니다. "귀하고 소중한 자야, 나는 너를 사랑했고 너를 결코 떠나지 않았단다. 네가 비참할 때, 고통의 때, 시련의 때, 슬픔의 때에도… 네가 본 한 사람의 발자국은 바로 나의 발자국이니라. 그 때 내가 너를 등에 업고 걸었단다."

2. 마음을 열어서 부흥을 준비하자

부흥은 하나님의 임재로 들어갈 때만이 경험할 수 있습니다. 이사야 선지자는 웃시야 왕이 죽던 해 그가 만난 하나님에 대하여 말하고 있습니다. 이것은 그가 본 비전이며 경험이었습니다(주전 758년). 이 사건은 이사야의 영혼과 정신을 흔들었고, 그에게 몇 가지 통찰력을 전해주었습니다.

이사야는 부유하고 전통있는 가정에서 태어났습니다. 그는 웃시야 왕과 매우 가까운 사이였습니다. 따라서 그는 궁전 뜰에서 왕에게 조언의 역할을 하며 친구처럼 지냈습니다.

이사야는 개인적으로 친구를 잃은 슬픈 시기에 하나님을 만났습니다. 웃시야 왕은 16세때 유다의 10대 왕으로 올라 52년 동안 통치했습니다. 웃시야 왕은 오랫 동안 나라의 번영과 안정을 유지했습니다. 그러나 지금 그는 죽었습니다. 웃시야는 말년에 하나님의 벌을 받았습니다. 그는 자신의 힘이 강해졌을 때 교만해졌습니다. 그래서 제사장만이 들어가서 예배하는 여

호와의 성전에 들어갔다가 문둥병이 이마에 일어나 별궁에서
지내다가 죽었습니다(대하 26장).

왕이 죽자 이스라엘에 무슨 일이 일어났습니까? 정치적 혼
란이 왔습니다. 경제적 불황이 왔습니다. 그래서 후임 왕이 취
임하여 하나님의 뜻을 따라 나라를 회복할 것인가에 관심이 모
아졌습니다. 왕으로 오르는 사람이 과연 하나님을 경외할 것인
지 이스라엘의 영적 지도자를 찾을 것인지가 커다란 과제였습
니다. 이러한 혼란 가운데서 이사야는 예배하러 성전에 갔습니
다. 거기에서 하나님을 만나는 경험을 하게 된 것입니다.

오늘 여러분의 환경은 어떠합니까? 안정과 평화가 넘치고
있습니까? 아니면 여러분이 신뢰하는 친구를 잃었습니까? 여
러분의 힘이 되었던 높은 지위에 있던 친구가 하루 아침에 직
장을 잃어 여러분을 실망시켰습니까? 가족을 잃었습니까? 건강
을 잃었습니까? 재산을 잃었습니까? 공들여 키워 놓았던 자식
이 부모를 원망합니까?

여러분이 슬프고, 고통스럽고, 나쁜 소식을 듣는 시기에 이사
야처럼 하나님을 만나는 경험을 할 수 있습니다.

주일 아침, 주일학교 어린 소녀가 종이에다 즉흥적으로 그림
을 그렸습니다. 주일학교 교사가 무엇을 그리고 있느냐고 물었
습니다. 주일학교 어린이는 말하길 하나님을 그리고 있다고 했
습니다. 교사는 웃으면서 말했습니다. "어느 누구도 하나님이
어떤 분인지 알 수 없단다." 어린 주일학교 소녀는 하나님을
위하여 어떤 색을 골라야 할지를 몰랐습니다. 그 어린 소녀가
그림 그리는 것을 끝냈을 때 주일학교 교사는 어린 소녀에게
다가가서 말했습니다.

"우리는 우리의 눈과 귀로 하나님을 볼 수도 없고 그의 음성
을 들을 수도 없단다. 하지만 하나님께 드리는 예배를 통하여

하나님을 만날 수 있는 것이란다."

예배의 참여로 우리는 우리 가운데 하나님의 임재를 깨달을 수 있습니다. 예수님은 분명히 말씀하셨습니다.

> "두세 사람이 내 이름으로 모인 곳에는 나도 그들 중에 있느니라"(마 18:20).

> "이스라엘의 찬송 중에 거하시는 주여 주는 거룩하시니이다"(시 22:3).

주일마다 교회에 가서 예배를 드리지만 자기 인생의 변화를 가져온다고 생각하며 예배를 드리는 사람은 많지 않습니다. 예배를 드린다고 하지만 모두가 진정으로 예배드리는 모습을 찾기가 힘듭니다. 예배는 교회의 모임이 아닙니다. 예배는 종교적인 노래만 하는 것이 아닙니다. 진정한 예배는 살아계신 하나님의 임재 안으로 들어가는 것입니다. 그리고 반응하는 것입니다. 하나님의 임재를 경험한 이사야의 반응을 보십시오. 예배가 우리의 삶을 변화시키고 있다는 것을 알 수 있습니다

1. 이사야는 하나님의 임재를 경험했습니다.

이사야는 왕족 가문에서 태어난 사람입니다. 왕궁에서 행하는 화려한 의식에 많이 참여해 보았기 때문에 모든 의식에 익숙해 있었습니다. 하지만 이사야가 본 하나님의 보좌는 웃시야 왕의 보좌와는 비교할 수 없는 장면이었습니다.

이사야가 본 이상은 보좌의 상징으로 하나님을 계시하여 주고 있습니다. 그분의 보좌, 그분의 의복은 너무나 커서 온 방안에 가득찼습니다. 하나님은 너무 높고 거룩하고 능력이 있으

서서 우리의 눈으로 볼 수 없습니다. 여섯 날개를 가진 천사들이 있었는데 두 날개로 그 분의 얼굴울, 두 날개로 그분의 발을 가리고, 마지막 두 날개로 노래를 하였습니다. 그들이 예배할 때에 문지방이 흔들리고 방에 연기가 가득찼습니다. 이것은 하나님이 이 예배 가운데 임재하였다는 말입니다. 하나님은 이사야의 영안을 열으셔서 이같은 광경을 보게 했습니다.

여러분, 전에 하나님을 예배할 때 그 분의 임재를 느낀 적이 있습니까? 하나님의 능력이 여러분에게 내려서 자신의 몸의 흔들림을 경험한 적은 있으신지요?

필립스(J.B. Philips)는 말하기를 "우리 모두는 축소의 죄(the sin of reductionism)를 범하고 있다"고 했습니다. 그는 사람들이 하나님을 다루기 쉬운 크기로 줄이고 있다고 했습니다. 어떤 사람은 성격이 까다로워서 교제하기 힘들듯이 우리가 모시는 하나님도 우리 수준에 맞는 분으로 축소해서 편하게 지니고 다닌다는 말입니다. 필립스의 책 <당신의 하나님은 너무 작다>(*Your God is too small*)라는 책이 경고하여 주고 있는 말이 있는데 그것은 우리가 하나님을 어떤 틀 안에 넣는 위험을 범하고 있다는 것입니다.

우리는 우리의 삶에서 그분의 하시는 일을 제한시키고 있습니다. 나이 많고 인정많은 할머니가 하늘에 앉아 있는 것처럼 하나님을 생각합니다. 옛 히브리인들은 거룩한 하나님이 두려워서 그분의 이름을 사용하지 않았습니다. 서양 사회에서는 아버지, 어머니 이름도 쉽게 부르지만 히브리인들은 그렇게 하지 않았습니다.

우리가 하나님의 임재 속에 들어갈 때에 그 분을 존경하고 경외할 수밖에 없습니다. 우리가 드리는 진정한 예배는 기쁨과 축제가 있어야 합니다. 하나님은 우리가 알고 있는 그의 능력보다도 더 거룩하고 더 능력이 있으신 분임을 기억해야 합니다. 우리는 하나님의 임재를 위하여 준비된 예배, 신실한 예배를 드려야 합니다. 이사야가 하나님의 임재를 경험하고서 취한 반응은 굴복이었습니다. 이사야는 죄악을 보았습니다.

2. 이사야는 자신의 죄를 깨달았습니다.

하나님을 만난 이사야의 첫 반응은 두려움이었습니다. 거룩한 분을 보는 순간 그의 몸은 굳어버렸습니다. 자신과 다른 사람이 비교가 될 때 아무런 변화가 없는 사람은 없습니다. 사람들은 다양한 비교를 합니다. 지식의 비교, 재산의 비교 인물의 비교, 환경의 비교 등…

조그마한 동네에 나쁜 짓을 하는 악한 형제가 살았습니다. 그런데 예기치 않게 한 명이 죽었습니다. 살아있는 한 사람이 목사님에게 가서 말했습니다. "만약 목사님께서 나의 형제의 장례식을 집례하여 준다면 50,000달러를 드리겠습니다. 그러나 나의 형제가 성자였다고 말해야 합니다."

동네 사람들이 이 이야기를 들었습니다. 어떻게 경건한 목사님이 그런 거짓말을 할 수 있을까 하면서 그것을 확인하기 위하여 장례식에 구경삼아 사람들이 모여들었습니다. 목사님의 설교가 시작되었습니다.

"40년 동안이나 이 사람은 죄 안에 살았습니다. 그는 자기 회사의 고용인들에게 사기를 쳤고, 그의 부인도 속였고, 그의 자녀들도 무시했습니다. 아무 죄없는 고양이도, 개도 발로 심하게 찼습니다. 이 사람은 악마같은 자였습니다. 하지만 그의 형제와 비교하여 볼 때 이 죽은 사람은 성자였습니다."

이사야는 여기 둘러서 있는 사람들보다 자신이 성자라고 하나님께 말하지 않았습니다. 하나님의 거룩한 임재에 대한 그의 반응은 죄인임을 고백한 것입니다.

이사야는 자신뿐만 아니라 온 민족이 죄악의 상태에 빠져있다는 것을 알았습니다.

오늘 우리 시대를 둘러볼 때 이사야가 살던 시대와 다를 바가 없다고 봅니다. TV 뉴스를 잠시 보더라도 좋은 뉴스를 듣기가 희박합니다. 거의가 살인 사건, 어린이 유괴, 강도, 방화, 성범죄, 폭력 등 어두운 이야기뿐입니다. 세상은 점점 더 악해져 가고 있습니다.

우리는 더러운 입과 죄가 가득한 마음으로 하나님을 예배할 수 없습니다. 우리의 상태가 하나님의 거룩에 비추어질 때 우리의 반응 또한 이사야와 다를 바가 없을 것입니다. 아니 그 이상일 것입니다. 하나님과의 교제가 없던 사람들은 곧 도망하게 될 것입니다. 하나님은 너무 거룩하시기 때문에 죄인들은 그를 피할 수밖에 없습니다.

출애굽기 19장을 보면 이스라엘 백성들이 하나님을 만나기 위하여 시내산에 갔습니다. 그러나 여호와께서 시내산에 강림하셔서 온 산이 진동하고 나팔소리가 커지니까 모세 외에는 그 누구도 여호와 앞에 나타나는 사람이 없었습니다.

이스라엘 백성들이 우뢰와 번개와 나팔소리와 산의 연기를 보는 순간 모두가 떨며 멀리 서서 모세에게 말했습니다.

> *"당신이 우리에게 말씀하소서 우리가 들으리이다. 하나님이 우리에게 말씀하시지 말게 하소서 우리가 죽을까 하나이다"(출 20:18-19).*

모세가 "원컨대 주의 영광을 내게 보이소서" 했을 때 하나님께서는 "네가 내 얼굴을 보지 못하리니 나를 보고 살 자가 없음이니라" 했습니다. 그리고 하나님께서 "보라 내 곁에 한 곳이 있으니 너는 그 반석 위에 섰으라. 내 영광이 지날 때에 내가 너를 반석 틈에 두고 내가 지나도록 내 손으로 너를 덮었다가 손을 거두리니 네가 내 등을 볼 것이요 얼굴은 보지 못하리라"(출 33:18-23)고 했습니다.

많은 사람들이 하나님을 직접 대하지 않고 교회 목사님들로부터 말씀을 들을 수 있다는 것은 행복입니다. 이스라엘 백성들에게 지도자 모세가 있었다는 것은 크나큰 복이었습니다. 어떤 사람은 이러한 사실도 모르고 하나님을 만나면 신앙생활 잘하겠다는 사람이 있습니다. 아마 그 사람은 자신의 죽음을 조금도 무서워하지 않을 뿐 아니라 하나님의 거룩이 무엇인지 모르고 하는 말일 것입니다.

하나님의 임재 앞에서 우리 죄는 적나라하게 드러나게 됩니

다. 하나님은 죄를 용납하지 않으십니다. 따라서 죄인은 하나님
의 거룩 앞에 설 수 없습니다.

3. 이사야는 하나님의 은혜를 경험했습니다.

이사야가 죄를 고백하는 순간 하나님은 반응했습니다. 그를
심판하기보다는 용서하여 주었습니다. 한 천사가 핀 숯을 가지
고 날아와서 이사야의 입에 대면서 말했습니다.

*"보라 이것이 네 입에 닿았으니 네 악이 제하여졌고 네 죄가
사하여졌느니라"(사 6:7).*

이사야는 자신의 죄가 하나님의 은혜로 씻어진 것을 알았습
니다. 이는 독생자 예수 그리스도를 우리에게 준 하나님의 지
극한 사랑이었습니다. 이사야는 자신의 노력으로 죄를 씻은 것
이 아니라 하나님의 은혜로 깨끗하게 되었습니다.

찬송가 405장을 지은 죤 뉴턴(John Newton)은 첫 가사에서
말했습니다. "나같은 죄인 살리신 주 은혜 놀라워 잃었던 생명
찾았고 광명을 얻었네."

죤 뉴턴은 9살때 어머니를 잃었습니다. 그는 11살때 아버지
를 따라 선원생활을 시작했습니다. 한때 그는 영국 해군에 입
대하여 생활하기도 했습니다. 그리고 노예상선 승무원으로 일
하다가 자신의 배를 사서 무역을 했는데 아프리카인들을 미국
의 노예상인들에게 팔아 넘기는 일을 했습니다.

1754년 죤 뉴턴은 토마스 아켐피스의 <그리스도를 본받아>
라는 책을 읽고 마음의 큰 변화가 일어났습니다. 그에게 회개
의 폭풍이 일어났던 것입니다.

그가 배를 타고 아프리카에서 영국으로 건너오고 있을 때 심한 풍랑을 만났습니다. 그때 그는 하나님께 기도했습니다. 먼 훗날 그는 그 날이 그에게 있어서 영적으로 새롭게 태어난 날이라고 했습니다.

결국 죤 뉴턴은 바다를 떠났고 그리스도에게 자기 자신을 드리기로 했습니다. 뉴턴은 세계적인 부흥사 죠지 횟필드(George Whitefield)와 죤 웨슬레(John Wesley)에게 큰 영향을 주었습니다. 그는 1758년 설교를 시작하여 50년 동안 설교를 했습니다. 그는 1807년에 죽었고 그가 27년 동안 섬겨온 교회 마당 묘지에 묻혔습니다. 그는 무덤 비문을 자신이 썼습니다.

"죤 뉴턴 목사. 그는 한때 신앙이 없는 방탕자였고 아프리카의 노예 상인이었다. 그러나 우리 구주 예수 그리스도의 풍성한 은혜로 용서받고 믿음의 설교자로 임명되었다."

이사야처럼 죤 뉴턴은 하나님의 거룩한 임재에 붙잡혔습니다. 그는 자신의 죄를 그대로 받아들였습니다. 그리고 그는 자신의 몸을 하나님께 드리고 하나님이 원하는 일을 했습니다.

4. 이사야는 하나님의 일을 갈망했습니다.

죤 뉴턴이 놀라운 하나님의 은혜를 경험했을 때, 그의 반응은 그가 죽는 날까지 주를 위하여 일하리라고 결심한 것입니다. 뉴턴은 목회 말년에 강단 옆에 그의 허약함을 위하여 한 사람을 세워두었습니다. 그래도 그의 육신은 쇠약하여 설교 노트가 흐트러지는 일이 자주 있었습니다. 사람들이 은퇴를 제의하면 그는 매우 화를 내었습니다.

오늘도 수천 명의 선교사들이 그가 경험한 하나님의 임재로 자기의 생명을 조금도 귀한 것으로 여기지 아니하고 복음을 전하고 있습니다. 하나님의 임재가 나에게 왔을 때 우리는 그분의 일을 하지 않을 수가 없습니다. 이것은 그분의 사랑의 노예로 반응하는 것입니다. 많은 크리스천들은 하나님의 은혜를 얻기 위하여 일하는 것이 아니라 은혜에 감동, 감화되어 일하고 있는 것입니다.

이사야는 주님의 음성을 들었습니다. "내가 누구를 보내며 누가 우리를 위하여 갈꼬." 이사야는 "내가 여기 있나이다. 나를 보내소서"라고 했습니다. 그는 주님의 음성을 듣고 앉아 있을 수 없었습니다. 여러분에게 들리는 주님의 음성이 무엇입니까?

짐 스미스(Jim Smith)라는 대학원생이 영적 생활을 배우기 위하여 수양관을 찾아가 수사를 소개받았습니다. 그러나 짐은 곧 실망하고 말았습니다. 왜냐하면 수사의 옷밑으로 조깅화가 보였기 때문이었습니다. 아디다스 조깅화라니! 짐은 수염이 나고 당대의 지혜로 가득찬 현인을 기대하고 있었습니다. 그런데 자신을 양육할 수사가 조깅이나 하는 사람이라니!

수사는 짐에게 단 하나의 숙제만을 내어 주었습니다. 그것은 누가복음 1장에 나오는 예수 탄생기사를 묵상하는 것이었습니다. 수천 번이나 읽어본 이야기를 짐은 쪼개고 쪼개 훌륭한 주석가처럼 분석하여 놓고 놀았습니다. 다음 날 수사와 만났을 때 짐은 연구한 것을 수사에게 자신있게 말했습니다. 수사는 아무런 감동도 받지 않고 짐에게 질문을 했습니다. "짐, 본문이 무슨 말씀을 하고 있던가요? 감동받은 점은 무엇인가요? 그리고 하나님을 경험했나요?"

짐은 첫번 본문 말씀 묵상에 실패했습니다. 다시 수사는 같은 말씀을 묵상하라고 숙제를 내어 주었습니다. 머리로 하지 말고 마음으로 하라는 것이었습니다. 짐은 하루 종일 묵상했지만 실패를 거듭했습니다. 말씀을 다 외울 정도가 되었습니다. 그래도 본문에서 생명력을 찾지 못했습니다. 다음날 수사를 만났지만 할 말이 없었습니다. 수사는 짐에게 말했습니다. "짐, 머리로 묵상하지 말고 마음으로 하세요. 그 분이 무엇이든지 주시면 받겠다는 자세로 마음문을 여세요. 당신은 하나님을 움직이지 말고 가만히 받아들이기만 해야 합니다. 대화는 당신이 만드는 것이 아니라 하나님이 만드는 것입니다."

짐은 다시 말씀 묵상을 시작했습니다. 그는 말씀 묵상에 지쳐서 통곡하고 말았습니다. 그 때 갑자기 마리아가 궤답한 말이 짐에게 울려나오기 시작했습니다. "말씀대로 내게 이루어지이다"(눅 1:38). 짐은 창문이 활짝 열리는 느낌을 받게 되었습니다. 그때부터 마리아가 아닌 짐 자신이 천사와 대화를 하게 되었습니다. 짐에게 임재한 하나님은 짐이 원한다면 계속 대화할 수 있게 되었습니다.

오늘 이시간 여러분의 마음이 준비가 되면 하나님은 여러분을 만날 것입니다. 여러분은 의무적으로 주님께 예배하지 마십시오. 의무적으로 헌금하지 마십시오. 의무적으로 봉사하려고 하지 마십시오. 의무적으로 구제하려고 하지 마십시오. 여러분이 만날 수 있는 하나님은 우리의 예배 가운데, 성경공부 시간에, 기도시간에 찾아오십니다. 그분의 임재를 경험하십시오.

20대에 부름받은 이사야는 15년 간 생명을 연장받은 히스기야 왕 때를 지나 므낫세 왕이 통치하는 시대까지 살았습니다. 그는 나이 72세에 두 사람이 켜는 톱에 쓸려 순교했다고 전해지고 있습니다. 히브리서 기자는 하나님의 일을 하는 사람들은 많은 시험을 당한다고 말합니다. "돌로 치는 것과 톱으로 켜는 것과 시험과 칼에 죽는 것을 당한다"고 했습니다(히 11:37). 이런 사람들은 세상이 감당치 못합니다. 그는 아내가 있고 두 아들을 가진 선지자였습니다. 그는 가족을 하나님께 부탁했습니다. 그의 죽음은 하나님께는 영광이요 가족들에게는 비통한 죽음, 순교였습니다. 하지만 그의 삶은 끝나지 않고 부활하신 주님과 함께 승리했습니다.

이제 하나님의 임재를 경험하고 부흥을 경험하시기를 바랍니다. 주님의 일에 동참합시다. 어린아이에게 물 한 컵 건네주는 일도 주님의 일입니다. 지금 바로 시작하시기 바랍니다.

3. 부흥은 기적을 일으킨다

소경이 눈을 떴다는 것에 대해 여러분은 어떻게 생각하십니까? 흑암에서 오랜 세월 동안 살아온 소경이 눈을 떴을 때 제일 먼저 그가 본 것이 무엇이라고 생각하십니까?

요한복음 9장을 보면 한 소경이 예수님을 만나 고침을 받았습니다. 예수님은 땅에 침을 뱉아 진흙을 이겨 소경의 눈에 바르고 실로암 못에 가서 씻으라고 했습니다. 이 소경은 전에 그 어떠한 것도 보지 못했습니다. 왜냐하면 그는 날 때부터 소경이었기 때문입니다.

소경은 실로암 못에 가서 진흙으로 얼룩진 자신의 얼굴을 씻는 순간 그의 눈은 움직이기 시작했습니다. 그의 눈은 깜박거리기 시작했습니다. 오랫동안 어둠에서 살아온 소경이 빛을 보았습니다. 소경에게 기적이 일어났습니다. 부흥이 왔습니다.

눈을 뜨게 된 소경은 사방을 둘러보았습니다. 그는 꿈을 꾸는 것만 같았습니다. 그는 하늘에서 내리는 태양빛의 신기함을 보았고, 거리마다 아름다운 건축양식으로 지어진 집들을 보았습니다. 사람마다 다르게 생긴 얼굴 모양을 보았고, 푸른 하늘에 떠있는 흰구름도 보았습니다. 눈을 뜬 소경은 자신이 보고 싶은 것이면 무엇이든지 볼 수가 있게 되었습니다. 그는 부모의 얼굴, 형제들, 조카들의 얼굴을 구별할 수 있게 되었습니다. 전에는 그들의 음성만 들었는데 이제는 말소리 뿐만 아니라 그들의 얼굴도 보게 되었습니다.

소경에게 있어서 눈을 뜬 날은 인생 최고의 날이었습니다. 세상을 마음껏 볼 수 있게 되었기 때문입니다. 소경되었던 사람은 이제 동냥을 하려고 길거리로 다닐 필요가 없게 되었습니다.

전에 예수님의 제자들은 예수님에게 이렇게 질문했습니다. "이 사람이 소경으로 난 것이 뉘 죄로 인함이오니까? 자기오니이까? 그 부모오니이까?"(요 9:2). 예수님은 대답하시기를 "이 사람이나 그 부모가 죄를 범한 것이 아니라 그에게서 하나님의 하시는 일을 나타내고자 하심이니라"(요 9:3)고 했습니다.

소경을 고친 분은 세상에 빛으로 오신 분입니다. 그 분은 어두움에 거한 사람을 빛으로 초대하고 계십니다. 친히 말씀하시기를 "내가 세상에 있는 동안에는 세상의 빛이로라"(요 9:5)고 했습니다. 소경의 눈을 뜨게 한 예수님은 의과대학을 졸업하지도 않으셨습니다. 그는 창조자이시기에 무엇이든지 마음만 있으면 할 수 있으신 분이십니다. 소경의 눈을 뜬 것에 관하여 이미 이사야 선지자는 말하고 있습니다.

> "내가 소경을 그들의 알지 못하는 길로 이끌며 그들의 알지 못하는 첩경으로 인도하며 흑암으로 그 앞에 광명이 되게 하며 굽은 데를 곧게 할 것이라"(사 42:16).

소경이 빛을 보고 일어났습니다. 빛되신 하나님의 아들 예수 그리스도를 만난 것입니다. 그분은 세상 의학으로 할 수 없는 것을 행하셨습니다. 이것이 기적입니다. 소경은 육적인 장애를 해결했습니다. 그리고 그는 영적인 문제도 해결했습니다. 흑암에서 살아온 소경이 빛을 보았고 부흥을 맞았습니다. 그는 빛되신 예수님을 받아들였습니다.

반면에 바리새인들은 빛을 거부했습니다. 주님이 행한 기적을 수용하지 않았습니다. 요한은 기록하기를 "빛이 어두움에 비춰되 어두움이 깨닫지 못하더라"(요 1:5)고 했습니다. 바리새인들과 유대인들은 빛을 찾은 소경을 다시 흑암으로 끌고 들어가려고 애를 썼습니다. 종교 지도자들은 개가 쿵쿵거리며 무엇인가 찾는 것처럼 눈을 뜬 소경을 계속 조사했습니다. 실로암 못에서 눈을 뜬 소경이 하나님을 찬양하며 동네로 돌아왔을 때 유대인들과 바리새인들은 그를 축하하지 않았습니다. 종교 지도자들은 형제의 성공과 기쁨, 그리고 회복을 기뻐하지 않았습니다.

이웃 사람들은 말하기를 "이는 앉아서 구걸하던 자가 아니냐 혹은 그 사람이라 하며 혹은 아니라 그와 비슷하다"(요 9:8-9)고 했습니다. 이웃 사람들, 바리새인들, 그리고 유대인들은 이 문제를 가지고 온종일 논쟁을 했습니다. 논쟁을 좋아하는 종교지도자들은 축하보다는 사건조사에 온 힘을 기울였습니다.

제일 먼저 그들은 안식일에 이러한 일이 일어났다고 트집을 잡았습니다. 이들은 자기 눈에 있는 들보는 보지 못하고 남의 눈에 있는 티만 빼고자 하는 소견이 좁은 사람들이었습니다. 이들은 신중하게 조사하기 시작했습니다. 안식일 사건으로 시작하여 소경되었던 사람의 부모를 찾아갔습니다. 소경되었던 사람의 부모는 아주 좋은 사람들이었습니다. 종교 지도자들의 질문에 이들은 흑암에서 오랜 세월 살아온 아들을 가슴 아프게 하고 싶지 않았습니다. 그래서 그들은 질문이 있으면 "나의 아들이 장성하여 대답할

나이로 충분하니 그에게 물어 보라”고 했습니다.

여러분 생각해 보십시오. 소경의 자식을 가진 부모가 그 동안 얼마나 고생했습니까? 아이를 데리고 집을 나서면 동네 아이들이 놀릴 때 부모로서 얼마나 마음이 아팠겠습니까? 많은 부모들이 자기 자식과 남의 자식을 비교할 때 자기 아이가 좀 모자라면 가슴앓이를 합니다. 왜 그렇습니까? 그것은 자신을 이해할 수 있는 영역이 좁기 때문입니다. 남의 집 아이가 똑똑한 것에 대해 왜 고민을 합니까? 사람은 각자 하나님의 영광을 나타내기 위해서 태어났습니다. 그것을 이해할 수 있는 영역이 넓어야 합니다.

결과적으로 사건의 실마리를 찾지 못한 유대인들은 소경되었던 사람을 불러 “너를 고쳐준 사람은 죄인이라”고 했습니다. 소경되었던 사람은 대답하기를 “그가 죄인인지 내가 알지 못하나 한 가지 아는 것은 내가 소경으로 있다가 지금 보는 그것이니이다”(요 9:25)라고 했습니다.

소경되었던 사람은 계속 추궁하는 유대인들에게 “당신들도 그 제자가 되려 하나이까?”라고 했습니다. 그 때 저희들이 욕하여 말하기를 “너는 그의 제자나 우리는 모세의 제자라 하나님이 모세에게는 말씀하신 줄을 우리가 알거니와 이 사람은 어디서 왔는지 알지 못하노라”(요 9:27-29)고 했습니다.

이에, 소경되었던 사람이 대답하기를 “이상하다 이 사람이 내 눈을 뜨게 하였으되 당신들이 그가 어디서 왔는지 알지 못하는도다”(요 9:30)라고 했습니다. 그리고나서 “창세 이후로 소경으로 난 자의 눈을 뜨게 하였다 함을 듣지 못하였으니 이 사람이 하나님께로부터 오지 아니하였으면 아무 일도 할 수 없으리이다”(요 9:32-33)라고 말했습니다.

화가 난 유대인들은 “네가 온전히 죄 가운데서 나서 우리를 가르치느냐” 하며 그를 쫓아내었습니다.

지금까지의 논쟁은 어둠이 빛을 인정하려고 하지 않는 논쟁이었습니다. 분명히 소경은 눈을 떴고 빛을 받아들였습니다. 고침받은 소경이 처음에는 자기를 고쳐준 사람에 대하여 증인의 역할을 다하지 못했습니다. 그러나 점점 시간이 흘러 가면서 소경되었던 사람의 증거는 확신있게 되었습니다. 이러한 믿음은 유대인들로부터 따돌림을 받게 되었습니다.

눈을 뜨고 기뻐하던 그에게 위기가 왔습니다. 그는 자신의 증거를 인정해 주지 않는 사회에 대한 원망과 슬픔이 있었습니다. 이 때 예수님이 찾아오셨습니다. 실망으로 가득찬 소경되었던 자가 눈을 뜬 이후로 처음 예수님을 만나는 순간이었습니다.

예수님은 "네가 인자를 믿느냐?"고 질문했습니다.

소경되었던 사람이 대답하기를 "주여 그가 누구시오니이까? 내가 믿고자 하나이다"라고 했습니다.

예수님께서 "네가 그를 보았거니와 지금 너와 말하는 자가 그이니라"고 했을 때 소경되었던 사람이 말하기를 "주여 내가 믿나이다"라고 고백했습니다.

소경되었던 사람이 눈을 뜬 이후로 예수님과 대화한 말을 추적하여 보면 매우 흥미로운 사실을 발견할 수 있습니다.

이웃 사람들이 "네 눈이 어떻게 떠졌느냐?"고 할 때 소경되었던 사람은 대답하기를 "예수라 하는 그 사람"(11)이 진흙으로 내 눈에 바르고 실로암 못에 가서 씻으라 했다고 했습니다.

바리새인들이 소경되었던 사람에게 물었을 때는 "선지자다"(17)라고 했습니다.

또한 소경되었던 사람 스스로 말하기를 창세 이후로 소경의 눈을 뜨게 한 사람을 들어보지 못하였다고 하면서 "이 사람이 하나님께로부터 온 사람"(33)이 아니고는 이런 일을 할 수가 없다고 했습니다.

　마지막에 주님이 찾아와서 네가 인자를 믿느냐고 했을 때 소경 되었던 사람은 대답하기를 "주여 믿나이다"(38)라고 고백하고 예배했습니다.

　여러분, 소경에게 기적이 일어났습니다. 흑암에서 살아 온 그에게 부흥이 왔습니다. 그가 눈을 뜨리라고는 아무도 생각하지 못했습니다. 하나님의 아들 예수 그리스도는 이 소경에게 빛으로 오셨고 그가 원하는 소원을 이루어 주었습니다.

　우리의 소원이 무엇입니까? 지금까지 우리 생활이 성공적인 삶이 아닌 실패의 삶, 길거리에 동전을 얻기 위해 서성거리는 소경과 같은 삶이었다고 해도 우리에게 부흥은 옵니다. 우리가 가까운 이웃 사람들의 조롱의 대상이 되었다고 해도 부흥은 옵니다.

　예수님은 십자가 상에서 죽기 직전에도 많은 조롱을 받았습니다. 그는 나무 십자가에 달려 운명하였습니다. 창에 찔리고 못에 박히기도 했습니다. 그러나 그는 무덤에서 부활했습니다. 그는 살아났습니다.

　그리스도를 나의 구주로 믿는다면 교회와 가정, 그리고 일터에 부흥의 기적이 일어날 것입니다.

4. 부흥의 징조가 보이는가?

영적인 부흥을 이루려면 어떻게 해야 합니까? 그것은 축복의 장소, 부흥의 장소로 우리가 이동해야 가능합니다. 출발을 잘하면 목적지는 쉽게 도착할 수 있는 것입니다.

저는 운전면허를 취득하기 전에 한번 실패를 경험했습니다. 운전면허 1종 시험은 타이탄 트럭에다 수동식 기어라 처음 출발할 때부터 2단으로 나갑니다. 그렇기 때문에 클러치와 악셀레이터의 동작을 정확한 시간에 바꾸지 않으면 시동이 꺼지는 현상이 일어납니다.

이와 마찬가지로 우리의 신앙도 세상과 함께 하기 때문에 정확한 시간에 예배를 드려야 합니다. 그런데 그렇지 돗한 사람들이 많이 있습니다. 그러나 여러분이 지금 예배에 참여한다면 좋은 출발을 하고 있는 것입니다.

정한 시간에 드리는 예배와 기도는 부흥의 징조를 보이는 것입니다. 다니엘은 시간을 정하여 놓고 하루 3번씩 기도했습니다. 이것으로 인해 그가 사자굴에서 살아날 수 있었던 것입니다. 베드로와 요한도 정한 시간에 성전에 예배드리러 가다가 앉은뱅이를 일으켜 주었습니다. 부흥은 하나님을 향하여 경배함으로 예배하는 데서 일어날 수 있습니다.

이스라엘은 애굽의 430년 노예생활에서 지도자 모세로 말미암아 해방되어 그들의 백성들, 즉 어린이를 제외한 60만(출 12:37)을 이끌고 축복의 땅 가나안을 향하여 출발했습니다. 그들의 출발은 멋있었습니다. 애굽의 금 은 보화를 손에 쥐고 나왔습니다. 그러나 이들은 첫번 장애물인 홍해를 만나게 되었을 때 그들의 출발을 후회하기 시작했습니다. 그래서 지도자 모세를 원망했습니다. "애굽에 그냥 있었다면 죽지 않고 생명은 붙어 있을텐데…"라고 말입니다. 뒤에는 애굽 군대가 앞에는 홍해가 있어서 피할 수 없는 진퇴양난이었습니다.

이때 모세의 말을 들어 보십시오.

> *"너희는 두려워 말고 가만히 서서 여호와께서 오늘날 너희를 위하여 행하시는 구원을 보라 너희가 오늘 본 애굽 사람을 또 다시는 영원히 보지 못하리라 여호와께서 너희를 위하여 싸우시리니 너희는 가만히 있을지니라"(출 14:13-14).*

하나님이 우리를 위하여 싸우시는 것을 믿으시기 바랍니다. 이것이 부흥입니다.

> *"보라 내가 새 일을 행하리니 이제 나타낼 것이라"(사 43:19).*

이 말씀은 주전 8세기 이사야 선지자가 이스라엘 백성을 애굽의 400백년 노예생활에서 해방시킨 하나님의 위대한 능력을 상기시키면서 앞으로 70년 동안 바벨론 포로생활에서도 해방될 것을 예언한 말씀입니다. 하나님의 약속은 그대로 이루어져 하나님의 부흥을 맞이하게 되었습니다.

하나님께 속한 사람들은 어떤 고난과 절망 가운데 있다고 해도 예수 그리스도의 은혜로 극복한다는 놀라운 진리를 가르쳐 주고 있는 것입니다. 우리는 고난이 있었던 일들을 잊어버리고 예수 그리스도와 함께 새롭게 출발해야 합니다. 이것이 여러분에게 부흥을 가져올 것입니다.

하나님은 이사야 선지자를 통하여 이스라엘 백성에게 미래에 일어날 부흥을 말했습니다. 이사야 60:22은 양적인 부흥을 나타내어 주고 있습니다.

> *"그 작은 자가 천을 이루겠고 그 약한 자가 강국을 이룰 것이라 때가 되면 나 여호와가 속히 이루리라".*

바벨론 포로로 잡혀갔다가 돌아온 백성에게 너희 숫자를 하늘의 별, 바다의 모래같이 하겠다고 약속하면서 강한 나라로 만들겠다고 했습니다. 이것은 소수민족에게 일어날 양적 부흥을 말한 것입니다.

이스라엘의 후기 역사를 더듬어 보면 하나님께서 그들의 자녀를 절대로 버리지 않는다는 사실을 알 수 있습니다.

이스라엘은 BC. 606년에 나라의 주권을 빼앗기고, AD. 70년에는 영토마저 완전히 상실했습니다. 그리고 세계로 흩어져 살아야하는 비운을 맞았습니다.

그러나 2554년 만에 나라의 주권을 되찾았습니다(1948년 5월 15일 독립). 그리고 1903년 만에 잃어버린 국토를 되찾았습니다(1973년 10월 속죄일 전쟁으로).

AD. 70년 로마의 타이투스 장군에 의해 유대인들은 세계로 흩어져 디아스포라가 되었고 끝까지 남아 항쟁하던 이들은 모두 스스로 자살하는 민족의 비극을 맞이했습니다. 이로 인해 그후 AD. 688년에 무슬렘 교도들이 예루살렘 성전터를 점령하여 오늘에 이르고 있습니다(오늘까지 1310년 간 성전터를 빼앗기고 있습니다).

이스라엘은 주권과 영토는 회복되었지만 아직도 종교회복의 숙제가 남아 있습니다. 이것이 회복되면 예수 그리스도가 재림하신다는 사실을 성경을 통하여 우리는 예견할 수 있습니다.

출애굽한 이스라엘 민족이 가로막힌 홍해로 죽게 되었는데 이들에게 하나님은 구원의 통로를 만들어 주었습니다.

"모세가 바다 위로 손을 내어민대 여호와께서 큰 동풍으로 밤새도록 바닷물을 물러가게 하시니 물이 갈라져 바다가 마른 땅이 된지라 이스라엘 자손이 바다 가운데 육지로 행하고 물은 그들의 좌우에 벽이 되니"(출 14:21-22).

바벨론에 포로로 잡혀갔던 백성들은 70년의 포로생활을 마치고 사막을 지나 고향으로 돌아간다는 사실을 상상하지 못했습니다. 추위와 더위와 짐승의 위험과 목마름으로 많은 고생이 예상되었기 때문입니다. 바벨론에서 예루살렘은 넉달 거리입니다. 약 750km의 거리를 지나 고향으로 돌아온다는 것은 모험이며 죽음을 자초하는 일이었습니다. 그러나 이사야를 통하여 이들에게 희망을 전해주고 있습니다(43:19-20).

16-21절에서 대조를 이루는 것을 볼 수 있습니다.

A. 바다의 길: 죽음 (16-17)

B. 새 일: 약속(18-19b)

B′. 새 일: 설명(19c-20c)

A′. 광야의 길: 구원 (20c-21)

이사야 선지자는 웃시야, 요람, 아하스, 히스기야 왕을 거치면서 활동을 했습니다. 이사야는 선지자 중에 왕이라고 할 정도로 모든 예언서 중에서 가장 많은 66장을 기록했습니다. 양적으로 뿐만 아니라 질적으로도 매우 중요한 내용을 기록하고 있습니다.

이사야 선지자가 죽을 때까지 그의 예언이 이루어지지는 않았습니다. 그가 죽은 후 1세기가 지나서야 그의 예언이 이루어졌습니다. 이스라엘 백성은 70년 포로생활에서 해방되어 다시 고국으로 돌아와 성전을 재건하게 되었습니다.

부흥을 원하신다면 주님과 함께 출발하시기 바랍니다. 하나님께서 "광야의 길과 사막에 강을 내리니 장차 들짐승, 곧 시랑과 및 타조도 나를 존경할 것은 내가 광야에 물들을 사막에 강들을 내어 내 백성, 나의 택한 자로 마시게 할 것임이라"(사 43:19-20)고 했습니다.

하나님은 불가능을 가능하게 하십니다. 불경기를 호경기로 만듭니다. 가난을 부하게 하십니다.

광야의 물과 사막의 강물은 에스겔 37장에 문지방 밑에서 나온 물과 같습니다. 이것은 부흥의 징조입니다. 이 물은 흘러 흘러 에스겔의 발목, 무릎, 허리 그 이상까지 넘쳐 건너지 못하게 되었습니다. 이 물이 흘러가는 곳마다 살아나는 역사가 있었습니다. 죽은 생물이 살아났습니다. 이 같은 성령의 강물이 우리 교회와 가정에 흘러 내려 부흥의 역사가 일어나기를 축원합니다.

5. 부흥은 하나님 손에 있다

하나님이 고레스를 사용하여 바벨론 제국을 멸망시킨다는 예언이 이사야 45:1-7에 나타나 있습니다. 예언은 또 다른 책 다니엘서에도 나타납니다. 바벨론 제국은 메데바사, 즉 페르시아에 의해 붕괴된다고 했습니다. 다니엘 2장의 예언은 무적의 바벨론 성이 무너지기 60년 전에 한 것입니다. 다니엘 2장을 보면 느부갓네살 왕이 한 꿈을 꾸고 마음이 번민하여 잠을 이루지 못했습니다. 왕은 꿈을 해석하고 싶었지만 꿈을 잊어버렸기 때문에 그렇게 할 수 없게 되었습니다. 왕은 박사와 술사들에게 자신의 꿈을 해석하지 않으면 죽이겠다고 어거지로 위협을 했습니다.

하나님은 BC. 608년에 시작된 바벨론 제국의 초대왕 느부갓네살을 통하여 이미 미래의 상황을 꿈을 통하여 보여 주었지만 깨닫지 못했습니다. 아무도 왕의 꿈을 해석하지 못하자 다니엘이 나섰습니다. 그는 왕의 꿈을 해석하기 위하여 자신의 세 친구에게 기도를 부탁했습니다. 이들 모두는 철야 하면서 잊어버린 왕의 꿈을 찾아내었습니다.

드디어 다니엘이 왕 앞에 나가서 입을 열었습니다.

> "왕이여 왕이 한 큰 신상을 보셨나이다. 그 신상이 왕의 앞에 섰는데 크고 광채가 특심하며 그 모양이 두려우니 그 우상의 머리는 정금이요 가슴과 팔들은 은이요 배와 넓적다리는 놋이요 그 종아리는 철이요 그 발의 얼마는 철이요 얼마는 진흙이었나이다 또 왕이 보신즉 사람의 손으로 아니하고 뜨인 돌이 신상의 철과 진흙의 발을 쳐서 부숴뜨리매 때에 철과 진흙과 놋과 은과 금이 다 부숴뜨려 여름 타작 마당의 겨같이 되어 바람에 불려간 곳이 없었고 우상을 친 돌은 태산을 이루어 온 세계에 가득하였나이다"(단 2:31-35).

여기서 해석을 보면 다음과 같습니다.

1. 머리의 금은 BC. 606년-538년까지의 바벨론 나라입니다.

2. 팔과 가슴의 은은 BC. 537년-332년까지의 메데 바사의 나라 (페르시아 고레스 왕) 입니다.

3. 배와 넓적다리의 놋은 BC. 331년-64년까지 알렉산더로 부터 헬라시대까지를 말합니다.

4. 다리와 발의 철과 진흙은 BC. 64년부터 중동 아시아를 지배하여 온 로마를 말합니다. 이 로마는 후에 동 로마(AD. 1453)와 서 로마(AD. 476)로 갈렸습니다.

5. 열 발가락은 유럽의 여러 나라를 말합니다.

6. 뜨인 돌은 예수 그리스도를 말합니다.

바벨론 제국의 마지막 왕은 벨사살 왕이었습니다. 바벨론 제국의 왕의 순서를 보면 다음과 같습니다. 신바벨론의 건설자는 나보폴라살(Nabopolassar, BC. 625-605)이었고, 그 다음 아들 느부갓네살(Nebuchadnezzar, BC. 605-562), 다음이 아멜 말둑

(Nerilissar, BC. 560-556), 다음이 나보니더스(Nabonidus)와 그의 섭정왕인 벨사살(Belshazzar)이었다.

벨사살 왕은 귀인 일천 명을 위하여 큰 잔치를 배설했습니다. 이 때 왕은 부친 느부갓네살이 예루살렘 성전에서 빼앗아 온 금, 은, 기명을 가져오라 하여 모두가 술을 따라 마시고는 그 금, 은, 동, 철, 목, 석으로 만든 신들을 찬양했습니다. 그 때에 사람의 손가락이 나타나서 벽에 글자를 쓰는 것을 왕이 보았습니다. 술마시며 즐기던 왕이 갑자기 얼굴 빛이 변했습니다. 생각이 번민하며 넓적다리의 마디가 녹는 듯 하며 무릎이 서로 부딪쳤습니다.

왕은 이 글을 술사와 박사들에게 해석하라 했지만 하나님의 글씨이므로 아무도 해석하지 못했습니다. 결국 하나님의 꿈 해몽가 다니엘이 이것을 해석했습니다. 벽에 쓰여진 글자의 기록은 다음과 같습니다.

> "메네 메네 데겔 우바르신이라. 그 뜻을 해석하건대 메네는 하나님이 이미 왕의 나라의 시대를 세어서 그것을 끝나게 하셨다 함이요, 데겔은 왕이 저울에 달려서 부족함이 뵈었다 함이요, 베레스는 왕의 나라가 나뉘어서 메대와 바사 사람에게 준 바 되었다 함이니이다"(단 5:25-28).

그날 밤에 갈대아(바벨론 남부지역)왕 벨사살이 죽임을 당하였습니다(단 5:30). 그리고 메대 사람 다리오가 왕이 되었는데 나이가 62세였다고 했습니다. 메대 마지막 왕은 키악사레스 2세인데 이는 고레스의 장인이었습니다. 고레스의 장인은 고레스를 바벨론 정복 때 군대 총사령관으로 임명하였습니다. 고레스가 성공적으로 바벨론을 무너뜨리자 왕으로 등급하여 나라를 다스리게 했습니다.

무적의 성 바벨론은 하룻밤에 망하고 말았습니다. 바벨론 성은 매우 견고한 성이었습니다. 그리고 부유했습니다. 하지만 무너졌습니다. 요한계시록에서 다시 일어날 바벨론 성은 한 시간에 망한다고 했습니다(계 18:1-19).

역사적으로 바벨론은 매우 큰 힘을 자랑하던 나라였습니다. 바벨론 제국은 한때 해가 지지 않는 나라로 불리는 대영제국처럼 많은 나라를 통치했습니다. 바벨론 성은 난공불락이었습니다. 성벽 높이는 100미터이며, 성벽 두께가 25미터였습니다. 이는 마차 5대가 나란히 지나갈 수 있는 넓이였습니다. 성 주위는 91km로 유브라테스 강물이 흘렀습니다. 강물은 항상 부풀어 있었습니다. 성 안에 음식도 풍부하기 때문에 오랫 동안 적의 포위에도 견딜 수 있었습니다. 성 주위에는 적들이 헤엄쳐서 오는 것을 방지하기 위하여 쇠창살을 강쪽으로 뻗쳐놓았습니다. 성문도 청동으로 된 문이 100개나 있었습니다.

군 사령관 고레스가 지휘하는 군대가 유브라테스 강줄기를 막는 날, 바벨론 성 안에서는 축제가 벌어져 술과 여자 그리고 풍악을 울렸습니다. 바벨론 성 사람들은 그 누구도 이 성을 무너뜨릴 수 없는 요새라고 장담했습니다. 강물은 해가 질 무렵까지 서서히 줄었습니다.

페르시아 군대들은 어둠을 타고 얕은 물을 건너 빠르게 침입했습니다. 바벨론 수비대들은 이러한 일이 일어날 줄을 아무도 몰랐습니다. 재난을 위해 수비하는 경비대들도 알지 못했습니다. 시편 기자는 말했습니다.

> "여호와께서 집을 세우지 아니하시면 세우는 자의 수고가 헛되며 여호와께서 성을 지키지 아니하시면 파수꾼의 경성함이 허사로다 너희가 일찍이 일어나고 늦게 누우며 수고의 떡을 먹음이 헛되도다"(시 127:1-2).

드디어 잠복하여 있던 페르시아 군대들은 고레스로부터 새벽 3시에 공격 명령을 받았습니다. 그들은 동시에 성벽을 기어 올랐습니다. 다니엘의 꿈 해석처럼 바벨론 왕은 고레스가 이끄는 군대들에 의해 그날 밤에 죽었습니다.

불가능한 일이었는데 가능하게 되었습니다. 이사야 선지자가 외쳤고, 예레미야 선지자가 외쳤고, 다니엘이 꿈을 통하여 말한 것이 그대로 이루어졌습니다. 하나님의 예고는 쓰여진 그대로 이루어졌습니다. 이것은 땀과 수고가 아니라 하나님의 계획 안에서 이루어지고 있는 것입니다.

바벨론 제국의 심판을 요약하여 보면 3가지입니다. 우상을 찬양한 것이고, 하나님을 모독한 것이고, 쾌락을 좇는 술잔치입니다. 이것은 흔히 말세지말에 볼 수 있는 것입니다.

1. 우상을 찬양했습니다.

하나님은 "나 외에 다른 신을 두지 말라"고 했습니다. 많은 사람이 우상하면 불상이나 돌, 목석같은 것으로 만든 우상을 생각합니다. 이것은 아주 저급한 것입니다. 이것은 옛날 할머니들이나 섬기는 신입니다. 요즘은 살아있는 사람을 섬깁니다. 예를 들면 배우나 가수같은 연예인을 하나님보다 더 찬양하고 흠모합니다.

지난 주간에 저는 비디오 대여점을 처음으로 들어가 보았습니다. 비디오 테이프를 빌리러 간 것이 아니라 종교용, 교육용 비디오 테이프가 있나 보러 간 것입니다. 찾고자 하는 비디오 테이프가 없어서 일하는 젊은 남자에게 성경과 관련된 테이프가 있느냐고 물었습니다. 내가 꿈과 비전에 대한 테이프를 찾

고 있다고 하자 그 젊은 남자는 도서관으로 가는 것이 좋겠다
고 안내해 주었습니다.

세상 사람들은 지금 무엇을 찾고 있습니까? 무엇에 갈증을
느낍니까? 무엇을 찬양하고 있습니까? 여러분! 하나님과 관련
된 자료는 지금 도서관이나 박물관으로 가야 찾을 수 있습니
다. 세상 사람들이 찬양하는 것은 시장에 가면 얼마든지 구입
할 수 있습니다. 만약 우리 머리의 생각들을 열어 볼 수 있는
첨단장비의 기계가 있다면 거기에서 무엇을 찾을 수 있을까요?

2. 하나님을 모독했습니다.

바벨론 성에서는 천 명이 넘는 남녀들이 술잔치를 하고 있었
습니다. 그들은 예루살렘 성전에서 운반하여 온 성전용 금, 은
그릇을 술잔으로 사용했습니다. 이것은 하나님의 진노를 불렀
습니다. 성전용 기물을 하나님께 예배하는 데 사용하지 않고
그들의 흥을 즐기는 오락으로 사용했던 것입니다. 우리는 하나
님의 것을 귀하게 생각하고 두려워하는 사람이 되어야 합니다.

역대상 13장에도 이와 유사한 이야기가 나옵니다. 다윗이 여
호와의 궤를 수레에 싣고 노래하며 수금과 비파와 나팔로 주악
하며 기돈의 타작마당에 이르렀을 때 소들이 뛰므로 여호와의
궤가 흔들렸습니다. 이때 웃사가 손을 펴서 여호와의 궤를 붙
들었다는 이유로 여호와께서 웃사를 죽였습니다. 왜 웃사가 여
호와의 궤를 잡았다가 죽었습니까? 하나님의 궤는 본래 레위
자손들에 의해 어깨에 메고 운반하도록 법을 정했습니다(민
4:15). 그런데 다윗은 하나님의 법을 어겼습니다. 하나님의 법
궤를 수레에 실었습니다. 이것이 큰 화를 불러온 것입니다. 성

전 기물은 하나님께 예배용으로만 사용해야 합니다.

여러분, 하나님이 어디 계십니까? 바울은 고린도 전서 3장에서 말했습니다.

> "너희가 하나님의 성전인 것과 하나님의 성령이 너희 안에 거하시는 것을 알지 못하느뇨 누구든지 하나님의 성전을 더럽히면 하나님이 그 사람을 멸하시리라 하나님의 성전은 거룩하니, 너희도 그러하니라"(고전 3:16-17).

하나님은 내 안에 계십니다. 자신의 몸을 파괴하지 마십시오. 사탄이 크리스천들을 매우 바쁘게 만들어 몸을 파괴하고 있습니다. 어떤 분은 저에게 자신의 수첩을 보이면서 "나는 시간이 없습니다. 보십시오 모든 스케줄이 가득합니다. 게다가 평균 10분마다 휴대전화를 받느라고 정신이 없습니다."라고 말합니다. 이렇게 바쁜 분에게는 하나님께서 사랑한다고 말하고 싶어도 할 수 없습니다. 24시간 휴대전화를 들고 있는 사람은 24시간 전화를 기다리고 있는 사람입니다. 반면에 24시간 성경 말씀을 들고 있는 사람은 하나님의 음성을 기다리고 있는 사람입니다. 하나님의 음성을 듣는 방, 듣는 시간을 우리는 만들어야 합니다.

여러분! 하나님의 음성을 듣지 못하는 사람은 하나님을 모독할 수 있습니다. 하나님에 대하여 알지 못하는 사람은 하나님을 모독할 수 있습니다. 하나님의 은혜를 체험하지 못한 사람은 하나님을 모독할 수 있습니다. 세상 영화배우들의 이름을 외우기보다 성경에 나오는 하나님의 사람들의 이름을 외우시기를 바랍니다. 이것이 하나님을 아는 길입니다.

3. 세상 오락을 좋아했습니다.

나라가 망하기 전에는 꼭 술잔치가 벌어집니다. 여러 가지 원인이 있겠지만 한국 6.25전쟁도 그랬습니다. 제가 어릴 때 극장에서 6.25 전쟁 영화를 본 적이 있습니다. 국군 장교와 군인들이 휴가를 나와 술집에서 붉은 술을 마시고 놀다 보니 붉은 깃발을 든 인민군들이 38선을 밀고 내려왔습니다. 그래서 국군이 낙동강까지 밀려내려 갔습니다.

성경에는 붉은 것에 대한 기록이 많이 있습니다. 이 붉은 것은 물질, 죄를 상징합니다. 이것은 하나님을 대적합니다. 에서는 붉은 팥죽을 먹고 장자권을 동생 야곱에게 내놓았습니다. 요한계시록에서의 붉은 용은 적그리스도를 말하고 있습니다.

다니엘이 느부갓네살 왕의 꿈을 해석한 것을 보면 처음은 금으로 시작하여 은, 동, 철, 흙으로 내려왔습니다. 금빛이 변하기 시작하여 나중에 어둠에 도달했을 때 뜨인 돌이 와서 모든 것을 무너뜨렸습니다.

세상 오락은 처음에는 즐겁고 좋습니다. 그러나 술을 계속마셔 보십시오. 마지막에는 중독이 되고 죽음을 바라보게 될 것입니다. 마약하는 사람을 보세요. 처음은 얼마나 행복하고 좋았겠습니까? 그러나 결국 그 어둠에서 벗어날 수 없게 되고 맙니다.

1998년 10월 12일자 <타임>지에 듀크병원에서 일어나는 여러 가지 일을 특집으로 실었는데 그 중에 한 글을 소개하면 이렇습니다.

마약을 하는 한 여인이 임신을 했는데 아이가 6개월 만에 나왔습니다. 요즘은 의술이 좋아 6개월 만에 나온 아이라도 95%가 살아날 수 있는 좋은 세상입니다. 그런데 이 아이는 어머니로부터 온 바이러스 균 때문에 갑자기 배가 부풀어 올랐습니다. 많은 돈을 들여 수술을 했지만 이 바이러스가 어린아이의 가느다란 창자에까지 스며들어가 세상을 떠나고 말았습니다."

앞으로 세상 종말은 김정일이 만든 핵미사일 같은 것으로 오지 않습니다. 에이즈 감염 같은 전염병으로 일어나게 될 것입니다. 요한계시록 6:8을 보면 넷째 인을 뗄 때에 청황색 말이 나와서 땅의 4분의 1을 마음대로 하겠다고 했습니다. 여기서 "검과 흉년과 사망과 땅의 짐승"들로 죽이겠다고 했습니다.

지구의 종말을 가져오는 가장 무서운 것이 질병입니다. 그 중에서도 AIDS라고 생각합니다. 이 병에 걸리면 100% 죽습니다. 지금 에이즈는 기하급수적으로 확산되고 있습니다. 산불처럼 번지고 있습니다. 아프리카 사하라 사막 근처에 사는 아프리카인들은 평균적으로 1년에 25번 정도 다른 사람들과 성관계를 갖는다고 합니다. 그래서 그들은 에이즈로 다 죽고 남아있는 사람들은 어린 아이들과 노인들 뿐이라고 합니다.

이 에이즈 바이러스는 13개월마다 2배로 번식하는데 에이즈 음성환자들이 남아프리카에는 500,000명이나 되고, 에이즈 감염자는 약 16,000,000명(14세부터 50세까지)이라고 합니다. 남아프리카에서 투표할 수 있는 유권자수가 20,000,000명인 것을 감안한다면 남아프리카 어른들은 조만간(5년, 10년 안에) 거의 다 죽게 될 것이라는 말이 됩니다. 지금 세계적으로 에이즈 감염자는 1억이라는 수치를 기록하고 있습니다.

1996년 세계보건기구가 밝힌 자료에 의하면 에이즈 음성 감염자는 29,400,000명이고 환자는 8,400,000(거의 10,000,000)명, 에이즈로 죽은 자는 6,400,000명에 이르고 있다고 합니다.

1994년 3월 28일 <뉴스위크>지에 따르면 이 에이즈는 1800년도에 시작하여 오늘날까지 아프리카에서 수십여년 동안 극성을 부렸다고 합니다. 그러다가 아시아로 넘어와 태국의 방콕, 필리핀의 마닐라에 상륙했습니다. 세계보건기구(WHO)의 보고에 따르면 태국에만 에이즈 감염자가 4,000,000명이라고 했습니다. 2000년대는 에이즈 감염환자가 50,000,000명으로 늘어날 것으로 보고 있습니다. 지금 미국의 25세-44세의 사람들이 계속 에이즈 질병으로 죽어가고 있습니다.

성경의 민수기 25:1-9에서도 에이즈를 찾아볼 수 있습니다. 가나안을 향하여 가던 이스라엘 백성이 싯딤에서 진을 쳤습니다. 이곳은 모세의 후계자 여호수아가 가나안 진격을 위하여 마지막 머무르던 곳이었습니다. 공격 작전을 진행하던 중에 이스라엘 백성은 모압 여자들과 성행위를 하며 그들의 신에게 절하는 범죄를 했습니다. 이때 하나님이 진노하시고 내린 벌이 바로 무서운 질병, 즉 에이즈 같은 것입니다. 이 염병으로 죽은 사람이 24,000명이나 되었습니다.

하나님께서 내리는 질병은 매우 무서운 것입니다. 어떤 질병의 바이러스는 10년 안에 목숨을 빼앗아가고, 또 어떤 질병은 5년, 1년, 6개월, 1달, 하루, 10시간 안에 생명을 앗아갑니다.

세상 종말은 멀리 있는 것이 아닙니다. 죽음이 나와 상관없는 것이 아닙니다. 난공불락이라고 여겼던 바벨론 제국도 하나님을 조롱하다가 멸망을 맞이하였습니다. 하나님은 성경에서 말씀하신 대로 세상을 이끌어가십니다. 성경이 바로 하나님의 말씀이기 때문입니다.

이사야 45:1, 2 말씀을 보면 하나님이 고레스를 사용하시는 것을 볼 수 있습니다. "…열국으로 그 앞에 항복하게 하며 열왕의 허리를 풀며 성문을 그 앞에 열어서 닫지 못하게 하리라 내가 네 앞에 가서 험한 곳을 평탄케 하며 놋문을 쳐서 부수며 쇠빗장을 꺾고"라고 했습니다.

　　역사는 물처럼 흘러가는 것이 아니라 하나님의 계획 속에서 이루어지고 있습니다. 이스라엘을 부흥시킨 분은 하나님이십니다. 하나님은 그들에게 부흥의 문을 열어 주셨습니다. 인간의 생각을 뛰어넘으셨습니다. 부흥의 하나님은 우리 앞에 놓인 바벨론 장벽을 무너뜨리십니다. 억눌린 사람을 해방시키기도 하시고 가난한 사람을 부하게도 하십니다. 인류를 사랑하시는 그분께서 우리 교회와 가정에 부흥을 주심을 믿으시기를 바랍니다.

6. 하나님은 누구보다 부흥을 원하신다

　여러분, 생명이 어떻게 탄생되는지 알고 계십니까? 어떤 분은 어린아이가 질문하면 어머니 배꼽에서 나왔다는 것만 강조합니다. 생명은 하나님이 아니고는 그 누구도 만들 수 없습니다. 이세상의 모든 과학자들이 다 동원되어 각종 컴퓨터를 다 사용한다 해도 생명에 대한 베일을 벗길 수 없다고 합니다. 그래서 시편 기자는 "내가 주께 감사하옴은 나를 지으심이 신묘막측 하심이라"(시 139:14)고 했습니다.

　정자는 1초에 1천 마리(1년에 3백억 마리)인 데 반하여 난자는 출생 전 7개월부터 시작하여 출생시 평생 사용할 난자 약 2백만 개를 갖고 태어납니다. 사춘기가 되면 40만 개로 줄어들고 폐경기가 되어 배란이 중단될 때까지 1달에 한 개의 난자만 배출됩니다. 실제 배란의 숫자는 5백에서 1천개 뿐인데 이 중에서 생명으로 연결되는 것은 2-3개입니다. 이렇게 생명으로 연결되는 난자는 1만대 1의 높은 비율을 나타냅니다.

　"….들을찌어다 배에서 남으로부터 내게 안겼고 태에서 남으로부터 내게 품기운 너희여 너희가 노년에 이르기까지 내가 그리하겠고 백발이 되기까지 내가 너희를 품을 것이라 내가 지었은즉 안을 것이요 품을 것이요 구하여 내리라"(사 46:3-4).

　이것은 인생의 아름다운 모습을 말한 것입니다. 섬에서 목회하시는 한 목사님이 딸의 졸업식에 참여하려고 자신의 모교이기도 한 학교에 갔습니다. 졸업장과 꽃다발이 오가는 졸업식이 끝나고 서로들 축하의 인사를 했습니다. 오랫만에 와보는 모교임에도 불구하고 많은 낯익은 사람들이 있었습니다.

　목사님의 딸을 지도한 젊은 교수가 가까이 오더니 목사님에게 질문을 했습니다. "목사님, 오늘 졸업하는 따님을 안 지가 얼마나 되었습니까?" 질문을 한 교수는 목사님과 그의 딸의 관계를 너무나 잘 알고 있는 사람이었습니다. 질문을 받은 목사님은 무엇부터 이야기하여야 할지 몰랐습니다. 그 순간 목사님의 머리의 생각들은 27년 전 옛날로 돌아갔습니다.

　목사님은 "내 딸이 세상에 나와 첫 울음을 시작할 때부터, 첫번 기저귀를 할 때부터, 그 아이가 쌕쌕 거리며 숨을 쉴 때부터, 그 아이가 태어날 때부터 알았습니다"라고 대답을 했습니다.

1. 하나님이 여러분을 안 지가 얼마나 되었습니까?

　이제 제가 여러분에게 질문을 하겠습니다. "하나님이 여러분을 안 지가 얼마나 되었습니까?" 이사야는 이렇게 말하고 있습니다.

　"….들을찌어다 배에서 남으로부터 내게 안겼고 태에서 남으로부터 내게 품기운 너희여 너희가 노년에 이르기까지 내가 그리하겠고 백발이 되기까지 내가 너희를 품을 것이라 내가 지었은즉 안을 것이요 품을 것이요 구하여 내리라"(사 46:3-4).

많은 이스라엘 백성들은 자기들을 낳은 반석되신 하나님을 잊어버렸습니다(신 32:18). 예레미야에게 하나님은 "내가 너를 복중에 짓기 전에 너를 알았고 네가 태에서 나오기 전에 너를 구별하였고 너를 열방의 선지자로 세웠노라"(렘 1:5)고 했습니다.

유학 시절, 어느 토요일 오후 아내를 기다리기 위해서 저는 대학원 라운지에 앉아서 책을 읽고 있었습니다. 때마침 어떤 백인 남자와 4살쯤 보이는 예쁜 여자 아이가 함께 와서 자동판매기에서 과자를 뽑는 것을 지켜보게 되었습니다. 젊은 남자는 1달러짜리 동전을 자동판매기에 집어 넣었습니다. 그리고 손이 닿지 않는 아이를 들어서 5번을 누르라고 했습니다. 어린아이는 신기한 듯이 5번을 눌렀습니다. 그러자 자동판매기에서 커다란 팝콘이 떨어졌습니다.

그것을 손에 쥔 아이는 떼를 쓰기 시작했습니다. 나는 이것이 싫고 쵸코렛을 원한다고 했습니다. 아버지인지 할아버지인지 삼촌인지 잘 모르지만 그 남자는 아이에게 정중하게 사과를 했습니다. "내가 너의 마음을 몰라서 그렇게 했으니 다음에는 꼭 너의 마음에 드는 것을 살 수 있게 하겠다"고 했습니다. 그러나 아이는 그 말은 아랑곳하지 않고 떼를 쓰기 시작했습니다. 어른은 반복해서 미안하다고 하면서 1달러를 손해보고 싶지 않다고 하면서 어린 아이의 손을 잡고 사라졌습니다.

10분 후 이 남자는 어린 아이와 함께 또 나타났습니다. 전과 동일한 방법으로 1달러를 자동판매기에 넣고 어린이를 들어서 과자를 선택하는 번호를 누르게 했습니다. 쵸코렛은 6번이니 6번을 누르라고 했습니다. 아이는 만족하다는 듯이 6번을 눌렀습니다. 그런데 쵸코렛이 떨어지는 순간에 이 아이는 쵸코렛보다 더 맛있는 과자를 보았습니다. 자동판매기에서 떨어진 쵸코렛을 가지고 빨리 가자고 하니 이 아이는 "사실은 나가 좋아하는 과자가 쵸코렛이 아니라"고 했습니다. 그러면서 땅콩 캔디를 먹겠다고 떼를 쓰기 시작했습니다.

여러분! 여러분이라면 어떻게 하시겠습니까? 어린아이의 손을 잡고 사라진 사람이 10분 후에 또 왔습니다. 그리고 전과 똑같은 방법으로 했습니다. 1달러를 넣고 번호를 눌렀습니다. 나는 그들에게서 화를 내거나 짜증을 내는 것을 보지 못했습니다. 결국 어린아이는 자기가 원하는 모든 것을 가졌습니다. 이것은 내가 목격한 것입니다.

나는 세 번씩이나 과자를 사러 왔던 그 사람들을 생각했습니다. 그리고 나의 하나님을 생각했습니다. 내가 수십 번 생각을 바꾸어가며 주님께 달라고 기도했을 때 주님은 나에게 짜증을 내거나 화를 내지 아니하시고 원하는 것을 주었습니다. 그런데 나는 나에게 달라는 사람들에게 인색했습니다. 두세 번씩 말하는 사람들은 나의 마음을 편하게 하지 못했지만 하나님은 나에게 만족을 주었습니다. 우리는 이웃에게 만족을 보여야 할 것입니다.

하나님은 이사야서를 통하여 말씀합니다.

*"너는 내 종이니라 내가 너를 지었으니 너는 내 종이니라…
나의 잊음이 되지 아니하리라"*(사 44:21).

*"주께서 내 장부를 지으시며 나의 모태에서 나를 조직하셨나
이다… 은밀한 데서 지음을 받고 땅의 깊은 곳에서 기이하게 지
음을 받은 때에 나의 형체가 주의 앞에 숨기우지 못하였나이
다"*(시 139:13, 15).

이처럼 하나님은 우리를 만드셨습니다. 그분은 우리의 몸속의 뼈까지 알고 있습니다. 우리의 몸이 어떻게 만들어졌는지도 알고 계십니다. 생각하여 보십시오. 자동차를 만든 사람만이 그 자동차의 문제점과 고장을 해결할 수 있습니다. 언젠가 제 손

목 시계가 고장이 났습니다. 저는 그것에 대하여 아는 것이 없습니다. 그 시계를 시계 수리공에게 주었을 때 완전하게 고쳐 주었습니다.

영혼의 문제는 하나님이 해결할 수 있습니다. 또한 하나님이 사용하시는 하나님의 종이 해결할 수 있습니다. 따라서 인생의 부흥은 하나님의 손 안에 달려있습니다.

하나님이 여러분을 안 지가 얼마나 되었습니까? 성경은 말하기를 어머니 모태에서부터라고 했습니다. 하나님이 여러분과 함께 있은 지가 얼마나 되었습니까? 성경은 말하기를 쾌초부터라고 했습니다. 하나님이 여러분을 인도하고, 만들고, 지켜본 것이 언제부터 입니까? 어머니 뱃속에서부터 입니다.

2. 여러분이 하나님을 안 지가 얼마나 되었습니까?

그렇다면 여러분이 하나님을 안 지가 얼마나 되었습니까? 1달, 6개월, 1년, 5년, 10년, 20년, 30년 그 이상입니까? 여러분이 하나님을 안 순간부터 부흥은 일어나고 있습니다. 좋은 땅에 뿌려진 씨가 태양을 알고부터 계속 고개를 들고 일어 납니다.

5년 전에 저는 슈퍼마켓에서 10cm 정도 되는 선인장을 하나 사서 창가에 두었습니다. 세 번씩 이사를 하면서 이것을 몇 번 버리려고 하다가 그냥 가져가곤 했습니다. 이것이 지금은 50cm 정도 자랐습니다. 창가에 비치는 빛을 바라보며 선인장은 계속 자라가고 있습니다.

마찬가지로 부흥을 기다리는 성도는 빛되신 그리스도를 매일 만나야 합니다. 주일 하루만으로는 부족합니다. 매일 만나야 합니다. 이것은 인생의 부흥을 맞이하는 길입니다.

어떤 분은 말하기를 "매주 성경공부 모임에 참여하여 그리스도의 사랑의 빛을 얻는 것은 교회의 뼈요, 근육이라"고 했습니다. 반면에 주일 예배만 참여하는 사람은 교회의 피부에 불과하다고 했습니다.

성경을 읽고 그것을 통하여 하나님을 아는 지식은 여러분의 목적을 성취하도록 도와줄 것입니다. 또한 예배에서 선포되는 말씀으로 하나님을 아는 것은 여러분이 결정하지 못하는 일과 복잡한 문제를 해결하여 줄 것입니다.

이사야 선지자의 외침을 주의 깊게 들어보십시오.

> "…들을찌어다 배에서 남으로부터 내게 안겼고 태에서 남으로부터 내게 품기운 너희여"(사 46:3).

하나님은 여러분을 멀리 떠나있지 않습니다. 어머니가 자기 자식 주위에서 맴돌며 지켜보는 것처럼 하나님은 항상 우리 곁에 있습니다.

이사야는 바벨론 나라의 신들을 조롱했습니다.

> "벨은 엎드러졌고 느보는 구부러졌도다 그들의 우상들은 짐승과 가축에게 실리웠으니 너희가 떠메고 다니던 그것은 피곤한 짐승의 무거운 짐이 되었도다 그들은 구부러졌고 그들은 일제히 엎드러졌으므로 그 짐을 구하여 내지 못하고 자기도 잡혀갔느니라"(사 46:1-2).

그들의 신들은 손으로 만들었습니다. 그들의 신은 금, 은, 동, 목석으로 만들었습니다. 이 우상을 사람들은 어깨에 메고 다녔습니다. 또한 그들의 주머니에 넣고 다녔습니다.

> "그것을 들어 어깨에 메어다가 그의 처소에 두면 그것이 서서 있고 거기서 능히 움직이지 못하며 그에게 부르짖어도 능히 응답지 못하며 고난에서 구하여 내지도 못하느니라"(사 46:7).

이사야 선지자는 말하기를 이러한 신들은 여러분을 알아보지도 못한다고 했습니다. 그들은 헛간에 앉아 있고, 물 위에 서 있고, 집에 있다고 했습니다. 금, 은으로 된 신들은 하나님을 믿지 못하는 사람들의 가방에, 은행에 모셔져 있습니다.

> *"그에게 부르짖어도 능히 응답지 못하며 고난에서 구하여 내지도 못하느니라"(사 46:7).*

> *"너희는 옛적 일을 기억하라 나는 하나님이라 나 외에 다른 이가 없느니라 나는 하나님이라 나 같은 이가 없느니라"(사 46:9)*

> *"…내가 지었은즉 안을 것이요 품을 것이요 구하여 내리라" (사 46:4).*

3. 스스로 계신 하나님은 우리들을 움직입니다.

사람들에 의해 만들어진 우상은 사람들에 의해 움직입니다. 반면에 스스로 계신 하나님은 사람들을 움직입니다. 우상들은 그들 스스로를 보호하거나 지탱하기도 힘들지만, 하나님은 시공간을 초월하여 역사하십니다. 사람이 만든 우상은 사람을 도울 힘이 없습니다.

반면에 하나님은 말씀하시기를 "내가 동방에서 독수리를 부르며 먼 나라에서 나의 모략을 이룰 사람을 부를 것이라 내가 말하였은즉 정녕 이룰 것이요 경영하였은즉 정녕 행하리라"(사 46:11)고 했습니다.

하나님은 우리가 우리 자신을 아는 것보다 우리를 더 많이 알고 계십니다. 우리의 수명 뿐만 아니라 우리의 신체 구조까지 잘 알고 계십니다. 우리는 하나님으로부터 숨을 수가 없습니다. 범죄를 하고 도망가면 사람으로부터 피할 수는 있지만 하나님으로부터는 피할 수 없습니다.

여러분을 가장 잘 알고 있는 사람이 누구라고 생각합니까? 늘 여러분 가까이 계신 부모님이라고 생각할 것입니다. 그러나 우리를 가장 잘 알고 있는 사람은 바로 하나님입니다. 하나님은 여러분의 삶을 보고만 계시지 않습니다.

하나님을 믿으십시오. 여러분이 하나님을 믿으신다면 "아니오"가 아니라 "아멘"으로 대답하시기 바랍니다. 아멘 하는 사람은 하나님이 부흥을 주십니다. 부흥은 여러분이 "아멘"이라고 고백할 때 일어납니다. 이것은 여러분의 믿음으로 할 수 있는 것입니다.

> *"내가 나의 의를 가깝게 할 것인즉 상거가 멀지 아니하니 나의 구원이 지체치 아니할 것이라 내가 나의 영광인 이스라엘을 위하여 구원을 시온에 베풀리라"*(사 46:13).

하나님의 구원, 부흥은 지체하지 않는다고 했습니다. 이것이 여러분에게 온 부흥입니다. 여러분의 인생이 아멘의 삶을 산다면 부흥은 날마다 일어납니다. 정원에 서있는 해바라기가 태양을 바라보며 고개를 든 것처럼 주님을 날마다 바라보며 일어나는 삶, 부흥되는 삶을 사시기를 주님의 이름으로 축원합니다.

7. 예수님은 부흥의 종이시다

　사람들은 종종 주님을 고난의 종으로 부르고 있지만 나는 그분을 부흥의 종으로 부르겠습니다. 이사야서에서 종의 노래를 네 군데서 찾을 수 있습니다(42:1-9; 49:1-7; 50:4-9; 52:13-53:12). 그 중에서 42:1-9에 나오는 종은 이스라엘 백성을 말하고 있지만 궁극적으로는 예수 믿는 모든 사람들을 가리키는 말입니다.

　제 2차 세계대전 때 일본은 작전상 중요한 태국의 콰이어강에다 교량을 건설할 때 연합군 포로들을 고용했습니다. 그러던 어느 날 교량 건설에 필요한 공구가 없어졌습니다. 그래서 공사가 지연되게 되었습니다. 일본군 지휘부는 이러한 결과는 연합군 포로들의 음모라고 판단하고 포로들을 기관총이 설치된 운동장에 집결시켜 놓고 공구를 내놓지 않으면 모두 죽이겠다고 했습니다. 이때 영국군 한 명이 앞으로 나가 자신이 공구를 버렸다고 했습니다. 사방에 설치된 기관총은 불을 뿜어 영국인 병사를 사살했습니다. 며칠 후 이 공구들은 지휘부 창고에서 발견되었습니다. 지휘부가 미처 발견하지 못했던 것입니다. 이 영국인 병사는 자신이 죽으므로 전우들의 생명을 구하였습니다. 예수님도 우리를 위하여 십자가에 피흘려 죽으심으로 우리가 구원받았습니다.

이사야 41장-53장을 자세히 관찰하여 보면 한 민족으로 부터 시작하여 한 사람, 즉 예수 그리스도에게 초점이 맞추어지고 있습니다. 이사야서의 내용을 생각하면서 신약성경을 열어본다면 하나님의 종 예수는 이땅에 고난받으러 온 것이 아니라 이 땅에 사는 사람들을 살려주러 왔음을 알 수 있습니다. 쉽게 말하자면 죽은 영혼을 다시 살리려고 즉 부흥시키려 이 땅에 오신 것입니다. 그 분은 병든 자, 가난한 자, 과부된 자, 고아된 자, 절망한 자에게 복음을 전파하여 부흥시키려고 오신 것을 믿으시기를 바랍니다.

예수님도 마태복음 12:18-21에서 이사야서의 말씀을 인용하시면서 많은 병자를 회복시켜 주었습니다. 이제 부흥의 종되신 예수 그리스도를 생각해 보겠습니다.

1. 부흥의 종 예수는 인류에게 구원을 가져온 분입니다.

부흥의 종은 하나님으로부터 선택 받은 종입니다. 이는 성령의 능력을 입은 자로서 세상에 공의를 베풀고 있습니다.

> *"내가 붙드는 나의 종, 내 마음에 기뻐하는 나의 택한 사람을 보라 내가 나의 신(성령)을 그에게 주었은즉 그가 이방에 공의를 베풀리라"*(사 42:1).

공의는 심판을 말하는 단어인데, 이것은 통치, 법, 질서, 모델, 계획을 합쳐 놓은 말입니다. 하나님은 아담과 하와에게 에덴동산에서 지켜야 할 법을 주었고 또 모세를 통하여 이스라엘 민족에게 지켜야 할 법을 주었습니다. 이는 하나님의 인간을 향한 사랑의 표현이며 안전을 위한 것이었습니다. 하지만 우리 인간은 이 하나님의 사랑을 저버렸으며 하나님 안에서의 안전한 삶을 스스로 포기해 버렸습니다.

예를 들면 교통질서는 사고를 방지하며 안전을 위해 만들어 놓은 법입니다. 하지만 위반하면 사고를 당하든지 그만한 대가가 따라옵니다. 마찬가지로 우리 인간이 하나님의 법의 테두리를 벗어남으로 말미암아 우리는 죄의 상태로 전락되었고 하나님의 공의의 심판이 따라오게 되었습니다. 하나님은 공의로우시기 때문에 죄를 범한 인류를 심판하셔야만 했습니다. 또한 하나님은 사랑이시기 때문에 죄인을 용서하시기를 원하셨습니다.

따라서 하나님은 공의와 사랑을 동시에 만족시키기 위해서 아들 예수 그리스도를 희생 제물로 삼으셨습니다. 그 아들 예수를 십자가에 못 박으므로 온 인류의 죄악을 그에게 담당하게 하여 하나님께서 우리 인간을 향하신 그의 공의와 사랑을 보여 주셨습니다.

하나님의 종되신 그리스도 예수를 영접하는 사람만이 복음의 자유를 누릴 수 있습니다. 왜냐하면 복음은 그리스도이기 때문입니다. "영접하는 자 곧 그 이름을 믿는 자들에게는 하나님의 자녀가 되는 권세를 주셨으니"(요 1:12)라고 했습니다. 사도 바울은 디모데전서 4:5에 "…우리가 수고하고 진력하는 것은 우리 소망을 살아계신 하나님께 둠이니 곧 모든 사람 특히 믿는 자들의 구주시라"고 했습니다.

예수님은 우리를 구원하시려고 고난을 택하여 받으셨습니다. 희망이 없고 영적으로 죽은 우리에게 그분이 오시므로 우리의 영혼이 살고 부흥이 일어나기 시작했습니다.

한 사람이 꿈을 꾸었습니다. 그는 땅에서 하늘을 향하여 오르는 사다리를 만들었습니다. 그가 선한 일을 할 때마다 사다리는 1 미터씩 올라갔습니다. 믿어지지 아니할 정도로 선한 일을 하면 할수록 자꾸자꾸 사다리는 하늘로 올라갔습니다. 그가 가난한 사람들을 돌보면 사다리는 10미터씩이나 올라갔습니다. 하늘로 오르는 사다리는 그의 시야에 보이지않을 정도로 높이 올라갔습니다. 그는 기대를 가지고 그동안 쌓아놓은 사다리를 타고 하늘로 계속 올라가기 시작했습니다. 그런데 갑자기 하늘로부터 천둥같은 소리가 나기를 "너는 다른 길로 올라오너라. 지금 올라오는 길은 도둑과 강도들이 이용하는 길이니라"고 했습니다. 그는 올라갔던 사다리를 내려오면서 꿈이 깨었습니다.

꿈을 꾼 사람은 자신의 삶이 잘못된 것을 깨달았습니다. 하나님의 종 예수를 믿으므로 우리는 구원을 얻습니다. 우리의 구원은 그리스도의 희생으로부터 왔습니다. 이것이 우리에게 온 부흥입니다.

2. 부흥의 종 예수는 우리를 위하여 희생하신 분입니다.

하나님은 "…내가 네 손을 잡아 너를 보호하며 너를 세워 백성의 언약과 이방의 빛이 되게 하리니"(사 42:6)라고 했습니다. 우리를 위하여 희생하신 예수님은 하나님과 우리와의 막힌 담을 무너뜨렸습니다. 이것은 모두를 위한 희생입니다. 유대인, 이방인 모두를 위한 하나님의 사랑입니다. 사도 바울은 "내 몸을 불사르게 내어 줄지라도 사랑이 없으면 내게 아무 유익이 없느니라"(고전 13:3)고 했습니다.

하나님의 사랑은 아들의 희생으로 증명되었습니다. 우리를 살리기 위하여 고난을 받으신 예수님은 하나님과 우리를 교통하게 하셨습니다. 그래서 우리는 예배할 때마다 그 분의 임재를 경험합니다. 구약의 제사장들은 동물을 잡아 그 동물의 피로써 하나님께 예배를 드렸습니다. 따라서 우리는 예배할 때마다 그리스도의 피를 통해서 우리의 죄를 씻고 그의 피의 옷을 입음으로써만이 하나님께 나아갈 수 있음을 잊지 말아야 합니다.

제사장들은 제단 위에 양의 피를 뿌렸습니다. 이 양의 피는 이스라엘 백성들이 애굽의 400년 노예생활에서 풀려날 수 있게 했습니다. 하나님은 모세를 앞장세워 10가지 재앙 중 9가지를 내렸으나 악한 바로왕의 마음은 움직이지 않았습니다. 하지만 마지막 장자의 재앙 때 무릎을 꿇었습니다. 하나님은 모세를 통하여 이스라엘 백성의 집마다 문에 양의 피를 뿌리게 하셨습니다. 이로 인해 이스라엘 백성의 장자는 죽음을 피하는 구원이 있었습니다.

어린 양 되신 예수 그리스도가 십자가에서 흘리신 피는 많은 선조들을 구원으로 인도했고 지금도 그 이름을 고백하는 사람들을 구원으로 인도하고 있습니다.

죤 무이어(John Muir)에 의하면 오래 전 알래스카에 살고 있는 두 인디안 부족들이 싸움을 했습니다. 나이 많은 한 추장은 자기 부족들을 싸움에서 보호하기 위해서 경계태세를 늦추지 않았습니다. 그래서 여름에 잡아야 하는 연어, 딸기, 과일 같은 종류의 곡물을 추수하지 못하게 되었습니다. 여러 사람들은 배가 고프다고 추장을 향하여 아우성이었습니다.

그 때 이 추장은 흰 깃발을 들고 휴정 협정을 하기 위하여 원수처럼 지내는 다른 추장을 찾아갔습니다. 그리고 말하길 우리 이제 그만 싸우고 휴전을 하자고 했습니다. 반대편 추장은 화를 내면서 "우리는 싸움을 멈출 수가 없다. 왜냐하면 우리는 전쟁으로 건장한 남자 10명을 잃었기 때문이라"고 했습니다. 그러자 추장은 타협안을 내어놓기를 상대가 잃은 10명의 사람을 대신하여 자신이 죽겠다고 했습니다. 자신은 추장이니 10명의 몫은 될 것이라고 했습니다. 그는 평화를 위하여 자신의 목숨을 내놓았습니다. 결국 추장은 죽음을 당하였고 그들은 서로 평화를 가지게 되었습니다.

예수 그리스도는 이 추장처럼 우리를 위하여 십자가에 죽었습니다. 내가 하나님과 함께 할 수 있는 것은 예수 그리스도의 피로 가능하게 된 것입니다. 인디안 추장이 피를 흘리지 않았다면 그들은 결코 평화를 이루지 못하였을 것입니다. 그의 피가 평화를 가져왔습니다. 바로 부흥의 종 예수님의 피가 우리를 회복시켰습니다.

3. 부흥의 종 예수는 하나님의 아들입니다.

하나님은 "…내 영광을 다른 자에게, 내 찬송을 우상에게 주지 아니하리라"(사 42:8)고 했습니다. 헤롯이 좋은 날을 택하여 왕복을 입고 백성들 앞에 앉아 연설을 할 때 백성들이 크게 소리질러 "이것은 신의 소리요 사람의 소리는 아니라"고 했습니다. 이 때 헤롯은 흐뭇한 마음으로 그 영광을 하나님께 돌리지 않았습니다. 매우 교만했습니다. 결국 주의 사자가 헤롯을 치니 충이 먹어 죽었습니다(행 12:21-23). 하나님은 자신의 영광을 가로채는 사람을 보고만 있지 않았습니다.

하나님의 아들 예수가 죽은 것은 인류 구원을 위한 하나님의 계획이었습니다. 엠마오 촌에 나타나신 예수님은 두 제자에게 말하길 "그리스도가 이런 고난을 받고 자기의 영광에 들어가야 할 것이 아니냐?"고 하셨습니다.

예수님이 하나님의 아들로 왔다는 것은 요한의 기록을 통하여 우리는 알 수 있습니다. "말씀이 육신이 되어 우리 가운데 거하시매"(요 1:14)라고 했습니다. 인간의 몸을 입고 이 땅에 오신 예수님은 신성과 인성을 다 지니셨습니다. 그 분은 우리를 구원하기 위해 종으로 오셨습니다.

> 그는 근본 하나님의 본체시나 하나님과 동등됨을 취할 것으로 여기지 아니하시고 오히려 자기를 비어 종의 형체를 가져 사람들과 같이 되었고 사람들의 모양으로 나타나셨으매 자기를 낮추시고 죽기까지 복종하셨으니 곧 십자가에 죽으심이라"(빌 2:6-9).

하나님의 아들이 종의 형체로 우리에게 내려오셨습니다. 이것은 하나님의 사랑입니다. 그 분은 우리를 살리기 원하셨습니다. 우리에게 부흥을 일으키기 위해서 오셨습니다. "하나님이 세상을 이처럼 사랑하사 독생자를 주셨으니 이는 저를 믿는 자마다 멸망치 않고 영생을 얻게 하려 하심이라"고 했습니다. 부흥의 종 예수 그리스도를 통하여 여러분의 육적, 영적 삶이 회복되기를 축원합니다.

8. 하나님은 부흥을 위해 당신을 부르신다

종의 노래는 이사야서에서 네 번 기록하고 있습니다. 이것은 3가지 종류의 노래로 분류할 수 있습니다. 첫째는 하나님께서 부르신 노래(42:1-9)이고, 둘째는 종 즉 메시야 자신이 부르신 노래(49:1-7; 50:4-9)이고, 셋째는 성도들이 부른 노래(52:13-53:12)입니다. 이 중에서 두 번째 노래 종되신 메시야 자신이 부른 노래를 살펴볼까 합니다.

예수님을 따르는 모든 제자는 누구나 쓰임받기를 갈망합니다. 바로 부흥을 만나는 사람이 하나님으로부터 사용을 받습니다. 에디오피아 내시에게 이사야 53:7-8 말씀을 풀어 설명하여 준 빌립은 하나님께 쓰임을 받았습니다. 성령이 빌립에게 임재하였을 때 그에게는 부흥이 일어났고, 그는 성령의 인도를 받아 예루살렘에 왔다가 돌아가는 에디오피아 내시에게 복음을 전하였습니다(행 8:26-40).

하나님께 쓰임받은 종들을 성경에서 찾아볼 수 있습니다. 하나님께 쓰임받은 종들은 하나님과 매우 가까운 관계를 유지했습니다. 구약에서 아브라함(창 26:24), 모세(출 14:31), 다윗(삼하 7:5)을 보십시오. 그들은 자신의 뜻대로 사는 삶을 포기하고 주님의 뜻을 따라 살았습니다.

"내가" 살아있는 사람은 하나님께 사용될 수 없습니다. "내가" 죽은 사람은 하나님이 사용하십니다. 하나님이 아브라함에게 독자 이삭을 모리아 산에 가서 희생제물로 바치라고 했을 때에 아브라함은 순종했습니다. 만약 그가 자신을 죽이지 않았다면 순종하지 않았을 것입니다.

여러 신학자들이 이사야 49:1-7에 나오는 종의 신분을 가지고 많은 논쟁을 했습니다. 어떤 사람은 이사야 선지자 자신이라 하고, 또 어떤 이는 예레미야 선지자라고 하고, 어떤 이는 페르시아의 고레스왕이라고 하고, 또 어떤 이는 우리는 정확하게 알 수 없다고 했습니다.

하나님께서 말씀하시는 "종"은 옛날에는 이스라엘 민족을 말했습니다. 다시 이스라엘이라는 나라는 예수 그리스도 한 사람에게 초점을 맞추었습니다. 이것은 다시 온 인류를 말하고 있습니다. 그것은 이방인을 포함하고 있습니다. 이스라엘은 무너졌습니다. 하지만 예수 그리스도는 승리했습니다. 하나님의 계획은 예수 그리스도를 통하여 오늘날 교회를 세우게 하셨습니다. 그리고 땅끝까지 복음이 전파되게 했습니다.

하나님의 종은 이스라엘이었습니다. 완전한 하나님의 종은 예수 그리스도입니다. 그리고 예수 그리스도를 믿는 우리들이 하나님의 종입니다(행 4:29; 롬 1:1; 고전 4:1; 빌 1:1).

이제 부름받은 종들의 의무를 생각해 보려고 합니다. 이사야 선지자는 이 세상을 위하여 해야 할 중요한 3가지를 지적하고 있습니다.

1. 부흥의 종은 하나님의 말씀을 외칩니다.

하나님의 종은 하나님의 말씀을 전파하기 위하여 불렀습니다. 종들에 의해 전파되는 말씀은 섬들이, 원방 백성들이 들을 수 있게 전합니다. 하나님은 예레미야에게 말씀하시기를 "내가 너를 복중에 짓기 전에 너를 알았고 네가 태에서 나오기 전에 너를 구별하였고 너를 열방의 선지자로 세웠노라"고 했습니다 (렘 1:5). 하나님께서 말씀을 대언하게 하기 위하여 예레미야 선지자를 부르셨습니다. 예수님 또한 성령의 능력으로 그가 태어나기 전에 요셉에게 천사가 알려주었습니다(마 1:21). 바울도 "내 어머니의 태로부터 나를 택정하시고 은혜로 나를 부르신 이가 그 아들을 이방에 전하기 위하여"(갈 1:15-16)라고 말하고 있습니다.

하나님은 종을 부르실 뿐만 아니라 종의 일도 준비하여 놓고 계십니다. 종의 첫 노래(사 42:1-9)에서 하나님은 "내가 붙드는 나의 종, 내 마음에 기뻐하는 나의 택한 사람을 보라 내가 나의 신(성령)을 그에게 주었은즉…"(42:1)이라고 하셨습니다. 하나님은 말할 수 없는 능력을 주어 준비하게 하십니다. 종의 두 번째 노래에서 "내 입을 날카로운 칼같이 만드시고(사 49:2)"라고 했습니다. 그리고 종의 세 번째 노래에서는 "학자의 혀를 내게 주사 나로 곤핍한 자를 말로 어떻게 도와줄 줄을 알게 하시고"(사 50:4)라고 했습니다.

신약에 와서 바울은 하나님의 말씀을 성령의 검으로 말했습니다(엡 6:17). 히브리서 기자는 "하나님의 말씀은 살았고 운동력이 있어 좌우에 날선 어떤 검보다도 예리하여 혼과 영과 및 관절과 골수를 찔러 쪼개기까지 하며 또 마음의 생각과 뜻을 감찰하나니"(히 4:12)라고 했습니다. 사도 요한이 밧모섬에서 본 비전은 "그 입에서 좌우에 날선 검이 나오고"(계 1:16)라고 했습니다.

오늘날 교회 강단을 통하여 선포되는 복음이 인간의 문제를 해결하는 것을 믿습니다. 오순절 성령 강림때 베드로가 복음을 전파할 때 사람이 "이 말을 듣고 마음이 찔렸다"고 했습니다 (행 2:37).

이사야 선지자는 말씀을 날카로운 칼날에서 매끄러운 화살로 바꾸고 있습니다. "나를 마광한 살을 만드사 그 전통에 감추시고"(사49:2) 현대인의 성경에는 "나를 곧 사용할 날카로운 화살처럼 만드시고"라고 했습니다. 날카로운 화살은 빠르고 목표 지점에 정확하게 날아갈 수 있습니다. 칼은 가까운 거리에 있는 적을 공격할 수 있지만 화살은 멀리 있는 적을 죽일 수 있습니다.

이렇게 무서운 무기인 칼과 화살은 즉시 사용하지 않았습니다. "내 입을 날카로운 칼같이 만드시고 나를 그 손 그늘에 숨기시며 나로 마광한 살을 만드사 그 전통에 감추시고"라고 했습니다.

하나님의 종들에게는 준비의 기간이 있었습니다. 야곱의 아들 요셉은 17세 때 비전을 보았습니다. 하지만 그는 13년 동안 노예 생활하는 가운데 감옥도 갔습니다. 그의 나이 30세때 애굽의 총리가 되었습니다. 요셉은 이스라엘 민족을 구원하기 위해 하나님이 사용한 종입니다.

예수님은 3년 간 공생애를 시작하기 전에 40일 기도 뿐만 아니라 나사렛에서 30년 간 준비의 생활을 했습니다. 사도 바울도 다메섹 도상에서 주님을 만나고 하나님께 쓰임받기까지 14년 간이나 기다렸습니다.

이러한 예는 좌절한 하나님의 종들에게 용기를 주고 있습니다. 기다리는 시간이 절대로 헛된 것이 아닙니다. 기다리는 시간은 하나님으로부터 훈련받는 기간입니다. 전쟁터에 나가는 병사는 훈련이 필요한 것입니다. 하나님께서 특별히 사용할 종은 많은 훈련을 시키시는 것을 잊지 말아야 합니다. 예수님도 목수로서의 삶이 헛된 시간이 아니었습니다.

바울은 셋째 하늘을 갔다왔다고 했습니다(고후 12:). 이곳은 다른 말로 말한다면 에덴동산(창 2:8; 사 51:3), 즉 하나님이 계신 곳(겔 28:13; 31:8)이라고 말할 수 있습니다. 바울이 14년 전에 이러한 이상을 보았다고 겸손하게 1인칭이 아닌 3인칭으로 간증했습니다.

이 시기를 추적하여 보면 이렇습니다. 그는 주후 35년에 다메섹 도상에서 그리스도를 만났습니다. 그리고 그는 곧바로 3년 동안 아라비아 광야로 내려갔고, 그 후에 다시 다메섹으로 돌아왔다가 예루살렘을 방문하여 15일을 유하다가(갈 1:17-19) 다시 자기 고향인 다소로 갔습니다. 바울이 이렇게 빠르게 이동하고 있는 것은 그를 반겨주는 사람이 없었을 뿐만 아니라 유대인들이 그를 매우 미워하였기 때문이었습니다.

바울은 고향 다소에서 약 8년이란 오랜 시간 동안 외로움과 좌절, 그리고 내적인 고통이 있었습니다. 폴락(Pollock)이라는 사람의 말에 의하면 바울은 다소의 고향 집에 머물러 있지 않고 외딴 굴(성 바울 동굴이라고 부름)에 들어가 기도 중에 3층천에 갔다 왔다고 했습니다(주후 41-42).

예수 탄생	바울 탄생	바울 변화	아라 비아	?	안디옥 교회	1차 선교 여행	2차	3차	고린도 후서 씀	바울 죽음	예루 살렘 멸망
-4	5	35	38	환상 3층천	45	46	50	53	55	68	70 AD

드디어 바울은 바나바의 도움으로 주후 45년경에 안디옥 교회에서 정식으로 하나님의 일을 시작하였습니다. 그리고 그는 선교의 비전을 가지고 1차 선교여행, 2차 선교여행을 거쳐, 3차 선교여행 때 에베소에서 고린도후서를 기록했습니다. 그때 바울은 14년 전에 셋째 하늘에 갔다왔다고 했습니다. 아마도 바울이 변화 후 고향 다소에 있을 때가 그의 생애에서 가장 괴롭고 어려웠던 때라고 생각됩니다. 하지만 그는 좌절하지 않고 주님께 매달렸습니다. 하나님은 바울에게 새로운 환상, 즉 셋째 하늘을 보여 주었습니다.

북미에 방송설교 목사로 유명한 찰스 스탠리는 목회하는 동안 과로로 쓰러져 한주간 병원에 입원했었고 석달 간 정상적인 하나님 일을 하지 못했습니다. 그는 하나님의 일을 한주간 하지 못하고 병원에 입원해 있을 때 하나님을 더 깊이 만날 수 있었다고 고백했습니다.

하나님은 복음을 외치기 위하여 그 분의 종으로 우리를 불러 주셨고 준비시켜 주셨습니다. 일어나 복음을 외치는 하나님의 부흥의 종이 되시기를 바랍니다.

2. 부흥의 종은 하나님의 영광을 나타냅니다.

하나님의 종은 하나님이 어떤 분인가를 사람들에게 전하라고 불렀습니다. "너는 나의 종이요 내 영광을 나타낼 이스라엘이라 하셨느니라"(사 49:3)고 했습니다. 하나님이 자신의 종들을 부른 목적은 자신의 영광을 민족들에게 나타내고자 함이었습니다. 이스라엘은 하나님의 영광을 나타내지 못했습니다. 그들은 실패했습니다. 그러나 예수 그리스도는 십자가에 죽고 부활함으로 하나님께 영광을 나타내었습니다. 요한은 말하기를 "우리는 그의 영광을 본다"(요 1:14)고 했습니다.

바울은 우리에게 나타나는 영광을 이렇게 표현했습니다.

> "우리가 다 수건을 벗은 얼굴로 거울을 보는 것같이 주의 영광을 보며 저와 같은 형상으로 화하여 영광으로 영광에 이르니 곧 주의 영으로 말미암음이니라"(고후 3:18).

성령을 좇아가는 사람은 하나님의 영광이 우리의 내부에서부터 외부로 나타나게 됩니다.

우리가 잘 아는 테레사 수녀는 48년 동안 칼큐타 빈민촌에서 일했습니다. 그와 함께 있는 수녀들이 자명종을 감추지 않는 한 그녀는 매일 제일 먼저 공동 숙소에서 일어났습니다. 그녀는 눈을 뜨자마자 예수님을 뵙고 그 분과 함께 일을 했습니다. 모든 영광을 자신이 아닌 주님께 돌렸습니다. 그녀는 87세로 자기가 일하던 빈민촌에서 1997년 9월 5일에 운명했습니다.

그녀의 삶은 그리스도의 이름으로 삐뚤어진 세상을 바로잡아 놓았습니다. 테레사 수녀는 하나님을 위하여 아름다운 일을 이루고 떠나갔습니다. 그녀는 하나님의 영광을 위하여 부름받았다가 하나님의 영광을 위하여 떠나갔습니다. 하나님께 부름받은 성도 여러분! 주님의 영광을 나타내시기를 바랍니다.

3. 부흥의 종은 믿음의 복음을 전합니다.

> "내가 헛되이 수고하였으며 무익히 공연히 내 힘을 다하였도다 정녕히 나의 신원이 여호와께 있고 나의 보응이 나의 하나님께 있느니라"(사 49:4)

하나님의 믿음의 종들을 우리는 잘 알고 있습니다. 믿음의 조상 아브라함은 아이들을 약속받았습니다. 그 순간 아무런 일도 일어나지 않았습니다. 그러나 15년 후 약속의 아들 이삭을 얻었습니다.

모세는 하나님으로부터 애굽 백성을 가나안 땅으로 인도하기 위해 부름받았습니다. 그러나 모든 일이 순조롭게 이루어지지 않았습니다. 바로왕은 이스라엘 백성을 놓아주지를 않았습니다. 또한 광야에서 40년을 보냈습니다.

육신의 몸으로 이 땅에 오신 예수님 또한 여러 번 배신을 당했습니다. 그때 그는 많은 실망을 경험했습니다. 시험의 때는 우리의 믿음을 발전시킬 기회입니다. 종종 우리는 시험의 때를 만납니다. 왜냐하면 하나님의 비전은 우리의 생각보다 훨씬 크기 때문입니다.

하나님은 단순히 야곱의 집안을 일으키고 이스라엘을 다시 돌아오게 하기 위하여 종들을 부르지 않았습니다. 하나님은 그의 백성들을 돌아오게 할 뿐만 아니라 이방에 빛을 비추기 위함입니다. 땅 끝까지 복음을 전하게 하기 위해서 입니다.

부흥의 종들이 전하는 복음을 듣는 자마다 예수 앞에 무릎을 꿇어 그 분을 찬양하게 될 것입니다. 하나님이 우리를 사용하시기를 원한다면 우리는 자리에서 일어나 기꺼이 나아가야 합니다. 믿음으로 나아가야 합니다.

하나님은 우리에게 부흥을 주기로 약속했습니다. 모든 부흥은 하나님의 손에 달려있습니다. 하나님 자신의 목적을 이루시기 위해 종을 선택하여 불렀습니다. 그 중에 한 사람이 바로 여러분입니다. 주님을 아는 모든 성도는 그 분의 종입니다.

예수님은 이 땅에 영혼을 구원하러 오셨습니다. 그 분은 분명히 여러분을 부흥시키려 오신 분입니다. 부흥은 하나님이 여

러분에게 준 것입니다. 예수의 이름으로 여러분의 삶 속에 부
흥이 일어나기를 축원합니다.

9. 하나님의 사랑이 부흥을 가져온다

원어로 쓰여진 히브리 구약 성경에서 "헤세드"라는 단어가 있는데 이것은 하나님의 사랑을 나타내고 있습니다. 좀더 풀어서 말해보면 이 단어는 친절, 은혜, 그리고 긍휼로 해석하고 있습니다. 성경 역사를 객관적으로 살펴보면 인간이 하나님 앞에 불순종하고 반역을 할 때마다 하나님은 사정없이 심판하셨습니다. 반면에 하나님은 다시 회복 즉 부흥시키겠다고 약속을 하고 있습니다.

이스라엘 나라가 정치적 독립 주권을 상실한 때는 BC. 606년입니다. 다시 나라를 회복한 연대는 AD. 1948년 5월 16일입니다. 그들의 공백 기간은 2554년이란 긴 세월이 흘렀지만 하나님은 회복시켰습니다.

> "여호와께서 또 가라사대 은혜의 때에 내가 네게 응답하겠고 구원의 날에 내가 너를 도왔도다. 내가 장차 너를 보호하여 너로 백성의 언약을 삼으며 나라를 일으켜 그들로 그 황무하였던 땅을 기업으로 상속케 하리라."(사 49:8).

*"내가 잡혀있는 자에게 이르기를 나오라 하며 흑암에 있는 자
에게 나타나라 하리라."(사 49:9).*

이 말씀은 흑암에 있는 백성들에게 "하나님의 사랑"을 보여
준 것입니다. 다시 말해서 하나님의 동정 또는 연민을 보여준
것입니다.

*"그들이 주리거나 목마르지 아니할 것이며 더위와 볕이 그들
을 상하지 아니하리니 이는 그들을 긍휼히 여기는 자가 그들을
이끌되 샘물 근원으로 인도할 것임이니라."(사 49:10).*

*"…여호와가 그 백성을 위로하였은즉 그 고난 당한 자를 긍휼
히 여길 것임이니라"(사 49:13).*

*"여인이 어찌 그 젖먹는 자식을 잊겠으며 자기 태에서 난 아
들을 긍휼히 여기지 않겠느냐 그들은 혹시 잊을지라도 나는 너
를 잊지 아니할 것이라"(사 49:15).*

이 연민 즉 동정은 "사랑"을 의미하는데 이것은 하나님의 감
정이 움직이는 것을 말합니다.
이사야 49:8-50:3을 통하여 하나님의 사랑 표현을 5가지 시
각으로 살펴보려고 합니다.

1. 부흥은 목자의 사랑입니다.

양과 목자의 관계는 참사랑이 필요합니다. 목자(shepherd)라
는 라틴어 말은 오늘날 목사(pastor)라는 단어를 만들어 내었
습니다. 목사는 성도인 양들에게 하나님의 사랑으로 돌보고 준
비시키는 사역을 감당해야 합니다.
양과 목자는 오랜 세월을 함께 살아야 하기 때문에 각자의

이름을 가지고 있습니다. 그 이름을 목자는 알고 목자의 음성을 또한 양이 안다고(요 10) 했습니다.

보통 서양 사람들이 양을 기르는 목적은 고기를 얻기 위해서입니다. 반면에 팔레스타인들이 양을 기르는 목적은 양털을 얻기 위해서입니다. 그럼 목자는 어떠한 일을 할까요?

첫째, 목자는 양을 위해 준비해야 합니다.

"그들이 길에서 먹겠고 모든 자산에도 그들의 풀밭이 있을 것인즉 그들이 주리거나 목마르지 아니할 것이며 더위와 볕이 그들을 상하지 아니하리니"(사 49:10)라고 했습니다.

목자는 양을 위하여 목장을 준비하는 사랑이 있어야 합니다. 이러한 마음이 있다면 부흥은 계속해서 일어날 것이라 믿습니다

둘째, 목자는 양을 보호해야 합니다.

팔레스타인 목자들은 지팡이를 가지고 다닙니다. 이 지팡이는 적과 사나운 짐승으로부터 양을 보호하기 위해서입니다. 가시밭 길을 갈 때 이것으로 길을 내기도 하고 양이 벼랑에 떨어졌을 때 이 지팡이로 끌어올립니다. 그래서 목자들이 가지고 다니는 지팡이의 끝은 영어의 U 자 모양으로 구부러져 있습니다. 양을 잃지 않고 구원하는 목자가 큰 부흥을 가져옵니다.

셋째, 목자는 양을 인도해야 합니다.

"그들을 이끌되 샘물 근원으로 인도할 것임이니라."고 했습니다(사 49:10하). 팔레스타인 목자는 안전하다는 것을 양들에게 보이기 위해 양들 앞에서 걸어갑니다. "자기 양을 다 내어 놓은 후에 앞서가면 양들이 그의 음성을 아는고로 따라 오되"라고 했습니다(요 10:4). 이때 양은 목자의 뒤를 따르면서 용기와 힘을 얻습니다. 하나님은 나라 잃은 이스라엘의 목자로서 그들의 포로생활에서 인도하고 있습니다.

예수님은 선한 목자를 문지기로 말했습니다.

"문지기는 그를 위하여 문을 열고 양은 그의 음성을 듣나니 그가 자기 양의 이름을 각각 불러 인도하여 내느니라"(요 10:3).

"나는 선한 목자라 선한 목자는 양들을 위하여 목숨을 버리거니와"(요 10:11).

"나는 선한 목자라 내가 내 양을 알고 양도 나를 아는 것이" (요 10:14).

모든 교회가 목자의 사랑으로 부흥이 넘치기를 원합니다.

2. 부흥은 부모의 사랑입니다.

이스라엘 사람들은 스스로 말하기를 "하나님이 우리를 잊었고 버렸다"고 했습니다. 그러나 하나님은 "그들은 잊을지라도 나는 너를 잊지 아니할 것이라"(사 49:15)고 말하면서 어머니가 젖먹는 자식을 버릴 수 없음을 상기시키고 있습니다. 친구간의 우정이 금이 가고, 형제간의 우애가 사라져도 자식을 향한 부모의 사랑은 영원합니다. 하나님은 그의 자녀들을 버릴 수가 없습니다. 그 분의 사랑은 어린아이를 안고 있는 어머니보다도 더합니다. 우리를 위한 하나님의 사랑은 바로 부모의 사랑과 같습니다.

한국 전쟁 때 많은 사람들이 부산으로 내려갔습니다. 부산으로 내려간 사람들은 대부분 피난민들이기 때문에 가난했습니다. 그들은 날마다 먹을 것을 찾기 위해 힘썼습니다. 왜냐하면 배가 고프기 때문입니다. 굶주린 사람들은 남의 물건을 도둑질하여 팔곤 했습니다.

그 당시 미군 병사들은 부산항에 들어온 석탄을 화물기차에 실어 나르곤 했습니다. 종종 많은 어린이들은 화물기차에 개미처럼 기어올라가 석탄을 훔쳐 팔아서 음식을 사고 옷을 사고 해서 배고픔과 추위를 면하려고 했습니다.

어느 날 석탄을 훔치는 소년들이 화물기차에 올라갔습니다. 그때 미군 헌병이 달려와서 내려오라고 소리쳤습니다. 그들은 두려운 가운데서 화물기차에서 뛰어내렸습니다. 그들 중에 7살 먹은 소년이 있었습니다. 이 아이는 친구들과 함께 도망가다가 기차 바퀴 안쪽으로 떨어진 석탄을 줍기 위하여 다시 기차 바퀴로 들어갔습니다.

그가 기차 바퀴 밑으로 들어가 석탄을 주으려고 할 때 갑자기 기차가 움직이기 시작했습니다. 이 광경을 지켜보고 있던 사람들이 빨리 나오라고 소리쳤습니다. 이러한 위급한 상황에서 그 아이를 구할 수 있는 사람이 없었습니다. 그런데 중년 남자 하나가 이 기차로 달려갔습니다. 그는 온 힘을 다하여 그 아이를 끌어내고 자신은 기차 바퀴 안으로 끌려 들어갔습니다. 결국 중년 남자는 기차길 위에서 뼈가 부서진 상태로 죽었습니다. 나중에 안 일이지만 그 중년 남자는 그 소년의 아버지였습니다.

여러분, 영혼을 살리는 일은 부모의 사랑이 있어야 합니다. 여러분의 교회가 부모의 사랑, 즉 하나님의 사랑이 넘치는 교회가 되기를 축원합니다.

3. 부흥은 조각사의 사랑입니다.

옛 바벨론 나라는 그들이 사랑하는 사람들에게 문신을 남겨 놓는 일을 했습니다. 문신은 "맡긴다", "위임한다", "종속된다" 라는 뜻을 가집니다. 이 문신은 한번 새겨지면 지우기가 매우 어렵습니다. 이는 하나님과 인간과의 관계를 스스로 파괴하는 행위입니다. 인간들은 하나님의 사람을 자기의 소유물로 만들려고 노력하는 불행을 초래하고 있습니다.

"내가 너를 내 손바닥에 새겼고"(사 49:16)라고 했습니다. 이것은 예수 그리스도가 십자가에서 못박히는 사건을 알지 못하면 이해하기가 어렵습니다. 그분은 우리를 위하여 심한 고통과 아픔을 그의 사랑으로 보여 주었습니다. 예수님의 몸에 새겨진 문신, 즉 상처는 우리를 사랑하신다는 흔적이고 우리를 버리지 않는다는 증표입니다. 예수님의 제자 도마는 예수님의 못박히신 손을 보고 소리치며 "나의 주님 나의 하나님"(My Lord and My God)이라고 고백하고 있습니다(요 20:28).

예수님의 흔적을 가진 사람들을 통하여 우리 교회가 부흥할 줄 믿습니다. 많은 사람이 주님의 일 하다가 육신의 상처, 마음의 상처를 가집니다. 이런 상처들이 여러분의 부흥을 가져오는 기초가 되기를 축원합니다.

4. 부흥은 용사의 사랑입니다.

하나님의 사랑은 용사의 사랑과 같습니다(사 49:24-26). 하나님은 그의 목적을 이루기 위하여 충분한 힘을 가지고 계십니다. 용사는 자기 동료가 다치거나 쓰러지면 자기의 생명을 걸고 싸웁니다. 이것은 자기의 동료를 내 몸처럼 사랑하기 때문입니다.

여러분 98 월드컵 추구를 다 보았을 것입니다. 캐나다 특히 토론토는 세계 170여 개국 민족이 모여 살고 있습니다. 따라서 각국의 문화와 그들만의 풍습을 보는 기회가 자주 있습니다.

이번 월드컵 축구도 예외는 아니어서 자국의 우승을 위하여 열띤 응원들을 보냅니다. 축구의 강세를 보이는 브라질, 아르헨티나 등 남미의 나라들은 극성스럽게 응원들을 하는데 우승한 나라는 그들의 국기를 흔들며 온 시내를 질주하며 환성을 질러댑니다.

왜 그렇게 합니까? 동포의 사랑입니다. 같은 민족의 사랑입니다. 용사의 사랑은 교회의 부흥을 가져옵니다.

5. 부흥은 남편의 사랑입니다.

하나님이 자신의 백성을 사랑하는 것은 남편이 아내를 사랑하는 것과 같습니다(사 50:1-3).

"너를 지으신 자는 네 남편이시라"(사 54:5)고 말씀하고 있습니다. 이것은 남편의 사랑이 하나님 같은 사랑이 있을 때 교회가 부흥된다는 말입니다.

에베소서 5:25은 "남편들아 아내 사랑하기를 그리스도께서 교회를 사랑하시고 위하여 자신을 주심 같이 하라"고 말합니다.

"오직 너희는 너희의 죄악을 인하여 팔렸고 너희 어미는 너희의 허물을 인하여 내어 보냄을 입었느니라"(사 50:1하).

내 남편되신 하나님을 왜 떠나갑니까? 죄 때문입니다. 죄인은 교회 오기를 싫어합니다. 그리스도가 빛이시기 때문에 죄가 드러나기 때문입니다. 신앙생활 잘 하던 한 사람도 순간의 죄로 말미암아 교회를 떠나갑니다.

우리는 우리의 죄악으로 헤어지게 되었습니다. 죄의 결과로 헤어지지 말아야 합니다. 나의 죄악으로 하나님을 떠나가지 않고 남편되신 하나님의 사랑을 입어 부흥을 일게 하는 사람이 되어야 할 것입니다.

부흥의 마음은 하나님이 그의 백성을 사랑하시는 데 있습니다. 부흥은 "우리에게 주신 성령으로 말미암아 하나님의 사랑이 우리 마음에 부은 바 됨"입니다(롬 5:5). 부은 바 되었다는 뜻은 사도행전 2장에 나타난 성령의 임재를 말합니다. 선지자 요엘의 말씀을 인용한 베드로는 말하기를 "내가 내 영으로 모든 육체에게 부어 주리니"(행 2:17)라는 말씀을 선포하고 있습니다. 특히 사도행전은 성령을 통하여 하나님의 사랑이 부으신 바 되어 부흥이 일어난 것입니다.

예수님께서 이 땅에서 말씀을 가르치시면서 우리에게 새 계명을 주셨습니다. 첫째는 "네 마음을 다하고 목숨을 다하고 뜻을 다하여 주 너의 하나님을 사랑하라"는 것이고, 또 하나는 "네 이웃을 네 몸과 같이 사랑하라"는 것입니다.

하나님은 조건없이 전심으로 우리를 사랑합니다. 부흥의 마음은 바로 하나님의 사랑입니다.

10. 말씀으로 부흥을 경험하라

헬렌 샤피로(Helen Shapiro)라는 유대인 여인이 있었습니다. 그녀는 철저하게 유대인 집안에서 성장한 사람입니다. 그런데 그녀가 어느 날부터 기독교 영성에 관심을 가지게 되었습니다. 그러던 중에 그녀는 아주 신실한 크리스천 성가대 지휘자를 알게 되었습니다. 그녀는 그 지휘자의 생활을 부러워 하게 되었습니다.

어느 날 저녁 그녀는 무릎을 꿇고 예수님의 이름을 부르며 소리쳤습니다. "오 주여 당신이 메시야라고 말했는데 그것이 사실이라면 나에게도 저 지휘자가 만난 사람을 보여주십시오"라고 기도했습니다. 그리고 그녀는 그런 기도를 드린 후부터 마음에 감동이 와서 예수님을 찾기 위하여 구약성경을 읽기 시작했습니다. 성경을 읽는 중에 그녀는 선지자들이 예언한 말을 읽고 깜짝 놀랐습니다. 그녀는 제일 먼저 이사야 9:6을 읽었습니다.

"이는 한 아기가 우리에게 났고 한 아들을 우리에게 주신 바
되었는데 그 어깨에는 정사를 메었고 그 이름은 기묘자라, 모사
라, 전능하신 하나님이라, 영존하시는 아버지라, 평강의 왕이라
할 것임이라."

헬렌은 이 말씀을 잘 알고 있었습니다. 왜냐하면 매년 크리
스마스 때마다 성탄 카드에 늘 사용하는 말이기 때문입니다.
그녀는 이번에는 미가서를 읽었습니다. 그리고 미가서 5장에
서 멈추었습니다.

"베들레헴 에브라다야 너는 유다 족속 중에 작을지라도 이스
라엘을 다스릴 자가 네게서 내게로 나올 것이다 그의 근본은 상
고에 태초에니라"(미 5:2).

미가 선지자는 메시야가 베들레헴에서 탄생할 것을 예언했습
니다. 그녀는 뜨거워지는 마음으로 다시 이사야 선지자가 예언
한 이사야 7:14을 읽었습니다.

"주께서 친히 징조로 너희에게 주실 것이라 보라 처녀가 잉태
하여 아들을 낳을 것이요 그 이름을 임마누엘이라 하리라."

뜨거워지는 마음으로 헬렌은 또 성경을 읽어내려갔습니다.
그러다가 시편 22편에서 그녀의 눈이 그만 고정되었습니다. 십
자가 주위에서 일어난 사건을 BC. 1000년 경에 다윗의 입을
통하여 예언한 말씀이 이 여인의 온 영혼을 사로잡았습니다.

"내 하나님이여 내 하나님이여 어찌 나를 버리셨나이까? 어
찌 나를 멀리하여 돕지 아니하옵시며 내 신음하는 소리를 듣지
아니하시나이까?"(시 22:1).

"많은 황소가 나를 에워싸며 바산의 힘센 소들이 나를 둘렀으며…"(시 22:12).

"개들이 나를 에워쌌으며 악한 무리가 나를 둘러 내 수족을 찔렀나이다"(시 22:16).

"내가 내 모든 뼈를 셀 수 있나이다 저희가 나를 주목하여 보고…"(시 22:17).

헬렌은 생각했습니다. 왜 내가 이러한 사건을 몰랐을까? 왜 유대인 선생들은 이러한 것을 나에게 말해 주지 않았을까? 그녀는 전에 유대인 사회에서 이같은 이야기를 한번도 들어보지 못했습니다.

다시 헬렌은 이사야 53장을 열고 읽었습니다.

"그가 짤림은 우리의 허물을 인함이요 그가 상함은 우리의 죄악을 인함이라 그가 징계를 받음으로 우리가 평화를 누리고 그가 채찍에 맞음으로 우리가 나음을 입었도다"(사 53:5).

그녀는 성경책을 잡고 더 이상 메시야되신 예수 그리스도를 의심할 수 없었고 바닥에 주저앉아 땅을 치며 통곡하게 되었습니다. 이것이 이 여인에게 찾아온 부흥입니다.

그녀는 신약성경도 사서 읽기 시작했습니다. 그리그 예수님의 탄생과 공생애 사역, 그리고 그의 죽음 부활, 승천을 알게 되었습니다.

이 세상 사람들이 바라본 예수님은 어떤 분입니까?

1. 예수님의 생활은 실패한 사람입니다.

예수님은 하나님의 아들이었지만 그 주위에 있는 많은 사람들이 그를 하나님의 아들로 인정하지 않았습니다. 인간의 생각으로 이해하기 어려울 정도로 예수님의 생활은 완전히 최저수준에 머물고 있습니다. 그분은 죽기까지 복종했다고 했습니다. 그분은 계속 밑으로 내려가기만 했고 위로 올라가려고 하지 않으셨습니다. 그래서 마틴 루터(Martin Luther)는 말하기를 "십자가는 인간의 기대를 산산조각 내었다"고 했습니다.

바울은 빌립보서에서 예수님은 매우 겸손하여 모든 종의 종이 되었다고 했습니다.

> "그는 근본 하나님의 본체시나 하나님과 동등됨을 취할 것으로 여기지 아니하시고 오히려 자기를 비어 종의 형체를 가져 사람들과 같이 되었고 사람의 모양으로 나타나셨으매 자기를 낮추시고 죽기까지 복종하셨으니 곧 십자가에 죽음심이라 이러므로 하나님이 그를 지극히 높여 모든 이름 위에 뛰어난 이름을 주사 하늘에 있는 자들과 땅에 있는 자들과 땅 아래 있는 자들로 모든 무릎을 예수의 이름에 꿇게 하시고 모든 입으로 예수 그리스도를 주라 시인하여 하나님 아버지께 영광을 돌리게 하셨느니라"(빌 2:6-11).

예수님은 최고의 수준이 아닌 최저 수준에서 살았습니다. 그는 종의 종이 되었다고 했습니다.

이사야 선지자는 BC. 700년 전 예수님의 이러한 생활을 이미 예언했습니다. 그것이 바로 그분의 고난과 죽음입니다.

우리가 알고 있는 예수님에 대한 마지막 인상이 무엇입니까? "그의 얼굴은 상하였다"(사 52:14)고 했습니다. 많은 사람들이 그를 보고 놀랐습니다. 이것은 그의 모습이 너무 상하여 사람같지 않았기 때문입니다.

가시면류관이 그분의 머리를 찔렀고, 흘리는 피를 보이지 않게 붉은 천이 그를 둘렀고, 그의 손과 발은 못으로 뚫어졌고, 그의 옆구리는 창자국이 났고, 그의 온 몸은 채찍에 맞아 우리의 눈으로는 볼 수 없는 사람이었습니다. 이런 사람을 누가 성공한 사람이라고 말하겠습니까? 그의 죽음은 비참했습니다. 그러나 그는 비참하게 죽을 만한 일을 한 적이 없습니다.

여러분, 지금 고난의 삶을 살고 있습니까? 주님도 그러했습니다. 바울은 로마서 8:18에 "생각건대 현재의 고난은 장차 우리에게 나타날 영광과 족히 비교할 수 없도다."라고 했습니다. 이사야 52:15에는 "후에는 그가 열방을 놀랠 것이며"라고 했습니다.

하나님은 밑으로 내려가는 자기 아들을 내버려 두지 아니하고 다시 들어서 올려 모든 사람이 그 앞에 무릎을 꿇게 했습니다. 모세는 40세까지 궁중에 있었지만 80세까지 사막. 마지막 40년은 주를 위해 일하다가 120세에 죽었습니다. 요셉, 욥, 바울도 고난 가운데 쓰임받았습니다. 고난 속에 있는 여러분과 교회가 하나님의 영광을 조만간 보리라 믿습니다. 이것이 부흥입니다.

2. 예수님의 모습은 사람들을 유혹할만한 것이 없습니다.

이스라엘 백성이나 세상에 거하는 사람들은 보잘것없는 사람에게 관심이 없습니다. 위대한 정치가나 사업가, 그리고 학문에 뛰어난 교수, 이름있는 배우, 연예인들을 흠모합니다. 보십시오. 세상은 박세리나 박찬호 같은 운동선수들에게 관심이 있습니다. 조그마한 교회에서 목회하는 목사님에게는 관심이 없습니다.

유대인들은 아브라함, 야곱, 요셉, 모세, 다윗, 솔로몬 등을 흠모하고 기념합니다. 그러나 위대한 정치가가 아닌 예수에게는 관심이 없었습니다.

이사야가 예언한 예수님의 모습은 이렇습니다.

그는 연한 순 같고, 마른땅에서 나온 줄기 같고, 고운 모양도 없고, 풍채도 없었습니다, 보기에 흠모할 만한 아름다운 것도 없었습니다(사 53:2). 그는 시골 마을의 목수의 아들이었습니다. 그는 사람에게 멸시를 받았고, 사람에게 버림받았고, 슬픔에 싸여 있었고, 고난을 겪었고, 사람들로부터 숨어서 지내는 사람 같았고, 모두가 그를 존경하지 않았다(사 53:3)고 했습니다. 이러한 예수가 십자가에 달릴 때 사람들은 떠나갔습니다.

이제 우리를 뒤돌아 봅시다. 여러분의 건강이 쇠약해질 대로 약해졌습니까? 여러분의 경제가 내려갈 대로 내려갔습니까? 여러분의 주위환경이 어둠에 싸여 빛을 잃었습니까? 여러분이 도달해야 할 목표 지점이 보이지 않습니까? 바울은 고린도후서 12:10에서 말하기를 "내가 약할 그 때에 곧 강함이니라"고 했습니다.

창세기에 나타난 야곱의 아들 요셉은 아버지의 사랑을 독차지하며 살다가 어느 날 형제들의 미움을 받아 애굽에 팔려가는 신세가 되었습니다. 종살이 하다가 누명을 쓰고 감옥까지 내려가는 바닥생활을 했습니다. 그러나 하나님은 요셉을 감옥에 두지 않고 다시 불러 내어 애굽의 총리로 세워주었습니다. 오늘의 고난은 내일의 영광이 있음을 믿으시기를 바랍니다. 이것이 부흥입니다.

3. 예수님은 세상에서 희생 제물이 되셨습니다.

이스라엘 사람들의 제사는 동물을 잡아 그 피를 뿌리므로 모든 죄로부터 깨끗함을 받는 의식을(출 29:19-20; 대하 29:22) 행했습니다. 이와 같이 예수님의 죽음은 우리의 죄로부터 우리를 깨끗하게 하기 위하여 희생된 것입니다.

> "그가 찔림은 우리의 허물을 인함이요   그가 상함은 우리의 죄악을 인함이라 그가 징계를 받음으로 우리가 평화를 누리고 그가 채찍에 맞음으로 우리가 나음을 입었도다"(사 53:5).

동물을 잡아 드리는 세상의 제사 방법은 우리의 육체를 깨끗하게 하였습니다. 그러나 하나님의 아들 예수의 피흘림은 우리의 영혼을 깨끗하게 하고 있습니다.

> "염소와 황소의 피와 및 암송아지의 재로 부정한 자에게 뿌려 그 육체를 정결케 하여 거룩케 하거든 하물며 영원하신 성령으로 말미암아 흠없는 자기를 하나님께 드린 그리스도의 피가 어찌 너희 양심으로 죽은 행실에서 깨끗하게 하고 살아계신 하나님을 섬기게 못하겠느뇨"(히 9:13-14).

예수님의 생애를 되돌아보면 그는 고난과 영광이었습니다. 세상에서 사람들은 영광을 찾고 있지만 고난을 피할 수 없습니다. 이것은 동전의 양면과 같습니다. 고난을 당하면서 밑으로만 내려가던 예수님이 하나님 아버지의 손에 들려서 다시 부활 승천으로 올라가시는 것을 볼 수 있습니다. 동전 한쪽면이 고난이라면 주님의 손은 그 동전을 뒤집어 또 다른 면인 영광을 보여주고 있습니다. 여러분의 생활도 이제 뒤집혀져 바꿔지는 역사가 나타날 줄 믿습니다. 이것이 부흥입니다.

하나님의 뜻을 인간의 생각으로는 이해할 수 없습니다. 예수님이 제자들에게 말씀하시기를 "내가 이제 예루살렘으로 올라가 많은 고난을 받고 죽임을 당하고 3일 만에 살아 날 것이라”
고 했습니다. 이때 베드로가 예수님을 붙들고 “주여 그리마옵
소서 이 일이 결코 주에게 미치지 아니하리이다”(마 16:22; 막
8:32)라고 말했습니다.

그 때 예수님은 베드로를 사탄으로 몰아붙이시면서 “너는 하
나님의 일과 사람의 일을 구별할 줄도 모르냐”고 책망했습니다.

고난을 하나님의 뜻으로 아는 사람은 부흥이 일어납니다.

> “여호와의 말씀에 내 생각은 너희 생각과 다르며 내 길은 너
> 희 길과 달라서 하늘이 땅보다 높음같이 내 길은 너희 길보다
> 높으며 내 생각은 너희 생각보다 높으니라”(사 55:8-9).

11. 부흥의 핵심은 복음이다

한 목사님이 교회의 성경공부에 열심히 참석하는 여성도로부터 전화를 받았습니다. 그녀는 자기의 삶의 죄를 고백하기 시작했습니다. 자기는 알콜중독자였으며, 성학대를 받은 자고, 마약복용을 했고, 이혼을 당했고, 가정에서 폭력을 휘둘렀고, 자살을 기도했다고 했습니다. 그녀는 이러한 고난을 최면술이나 정신과 의사들을 만나 치료하려고만 했습니다.

그러던 어느 날 그녀는 같은 교회 집사님 한 분으로부터 전화를 받았습니다. "자매님 나는 오래 전에 죄 많고 깨끗하지 못한 사람이었습니다. 자매님과 같은 여자였습니다. 나의 얼굴은 죄로 휘감겨서 얼굴을 들고 다니지 못했습니다. 나는 신앙도 없던 사람이었습니다. 그러나 한 가지 예수님의 믿음을 갈망했습니다. 그렇지만 나는 어두운 홀에서 살았습니다. 빛을 두려워 했습니다. 나의 어깨는 너무 무거워서 걸어다닐 수가 없었습니다. 그러던 어느 날 교회에 가서 성경공부 모임에 참석하고부터 나의 무거운 죄는 사라졌습니다. 하나님은 나를 용서했습니다. 나는 그것을 믿었습니다. 예수 그리스도가 십자가에서 나의 죄를 대신져 주시므로 나의 죄가 용서받았다는 것을 알았습니다. 무거운 짐은 나의 어깨에서 사라졌습니다. 나는 기쁨과 사랑으로 가득차 있습니다. 지금 내가 원하는 모든 것은 그리스도를 섬기면서 사는 일 뿐입니다."

그 말을 듣고서 그 여성도 성경을 읽기 시작했다는 것입니다. 그녀는 목사님께 말했습니다. "목사님! 저도 어제 교회에서 성경말씀을 읽고서 치료받고 용서받았습니다. 지금 제 마음은 기쁨이 솟아나서 앉아 있을 수가 없습니다. 그래서 이렇게 전화드리는 것입니다. 기도해 주십시오."

여러분, 우리가 하나님의 사랑을 경험할 때 이같은 삶을 살 수 있습니다. 고린도후서 5:14-15에 "그리스도의 사랑이 우리를 강권하시는도다 …저가 모든 사람을 대신하여 죽으심은 …(우리에게) 죽었다가 다시 사신 자 즉 예수를 위하여 살게 하려 함이니라."고 했습니다. 예수님은 우리를 위하여 오셨다가 우리를 위하여 가셨습니다.

1. 예수님의 상처는 우리의 치료를 가져왔습니다.

예수님이 당한 고난을 보면서 우리가 생각할 수 있는 것은 "정의"가 무엇인가 입니다. 예수님의 죽음을 보면서 하나님은 공평하시나 세상은 공평하지 않다는 것입니다.

> "그는 실로 우리의 질고를 지고 우리의 슬픔을 당하였거늘 우리는 생각하기를 그는 징벌을 받아서 하나님에게 맞으며 고난을 당한다 하였노라"(사 53:4).

요한복음 9:1-2을 보면 소경된 사람의 죄에 관하여 대화하는 장면이 나옵니다. 예수님의 제자들은 선생인 예수님에게 질문했습니다. "소경으로 태어난 것은 누구 죄 때문입니까? 부모 때문입니까? 아니면 본인 자신 때문입니까?" 예수님의 대답은 그 누구의 죄 때문도 아니고 하나님의 하시는 일을 나타내고자 함이라고 했습니다.

사람들은 예수님이 하나님에 의해서 징벌, 즉 매를 맞았다고 생각했습니다. 하나님의 아들 예수가 고통 당한 것은 자신의 죄 때문이 아니고 하나님 아버지의 뜻입니다. 그가 당한 고통의 목적을 분명히 이사야 선지자의 입을 통하여 우리에게 말하여 주고 있습니다.

> *"그가 찔림은 우리의 허물을 인함이요 그가 상함은 우리의 죄악을 인함이라 그가 징계를 받음으로 우리가 평화를 누리고 그가 채찍에 맞음으로 우리가 나음을 입었도다"*(사 53:4).

예수님의 이 같은 고난은 가난하고 병들고 소망이 없는 우리들에게 회복을 주십니다. 치료의 역사를 나타내십니다 여기에 나타난 대명사 그(he), 우리(our), 우리(we), 그(him)는 다른 사람이 아닌 예수님과 우리와의 관계를 말한 것입니다. 나와 예수님과의 관계입니다. 우리의 의사가 되신 분이 예수님이십니다.

예수님이 세리 마태의 집에서 음식을 드실 때에 그 옆에 많은 세리와 죄인들이 함께 음식을 먹고 있었습니다. 그때 바리새인들이 예수님의 제자들을 보고 말하기를 "어찌하여 너희 선생은 세리, 죄인들과 함께 음식을 먹느냐?"고 비난했습니다. 그때 예수님이 이 말을 들으시고 이렇게 말했습니다.

> *"건강한 자에게는 의원이 쓸데 없고 병든 자에게라야 쓸데 있느니라"*(마 9:12).

예수님이 지금 여러분에게 의원으로 찾아와 가난의 병, 정신적 병, 육체적 병을 고쳐주시고 있습니다. 이것이 여러분에게 찾아온 부흥, 즉 회복입니다.

2. 예수님은 고난 당할 때 침묵을 지켰습니다.

예수님은 고난과 죽음을 무서워하며 피하지 않았습니다. 그가 고난 당할 때를 이사야 선지자가 예언하기를 "그는 입을 열지 않았다"고 했습니다. 이사야는 두 번이나 그가 입을 열지 않았다고 했습니다. 마태복음 26:63에서도 대제사장들이 예수님에게 질문했을 때 "그는 잠잠했다"고 했습니다. 마가복음 14:61에도 "잠잠하고 아무 대답도 아니하시고"라고 했습니다. 요한복음 19:9에서 빌라도가 예수님에게 "너는 누구냐"고 물었습니다. "예수께서 대답하여 주지 아니하신지라"고 했습니다.

예수님은 자기를 변호하는 변명에 대하여는 침묵을 지켰습니다. 예수님은 십자가 상에서 심한 고통 가운데 마지막 절규의 한 마디는 "엘리 엘리 라마 사박다니"였습니다. 이 뜻은 "나의 하나님 나의 하나님 어찌하여 나를 버리셨나이까?"입니다(마 27:46). 이 말 외에는 그의 변명을 찾아볼 수 없습니다.

예수님의 침묵은 그를 둘러서 있는 자들에게 얼마나 큰 감명을 주었는지 모릅니다. 모든 사람들이 놀랐습니다. 오늘날도 애매히 고난을 당하고 말없이 죽어가는 사람들을 볼 때 그곳에서 예수님의 모습을 볼 수 있습니다. 말없이 고난을 당하는 사람들을 볼 때 그곳에서 예수님의 얼굴을 보는 느낌입니다. 누명을 쓰고 말없이 괴로워하는 사람을 볼 때 예수님의 삶을 사는 것처럼 보입니다. 베드로는 기록하기를 "저는 죄를 범치 아니하시고 그 입에 궤사도 없으시며 욕을 받으시되 대신 욕하지 아니하시고 고난을 받으시되 위협하지 아니하시고 오직 공의로 심판하시는 자에게 부탁하시며”(벧전 2:23)라고 했습니다.

야고보 사도 또한 말하기를 “우리가 다 실수가 많으니 만일 말에 실수가 없는 자면 곧 온전한 사람이라”(약 3:2)고 했습니다.

입을 열지 아니하는 예수님을 보고 재판하는 사람들과 원수들은 놀랐습니다. 헤롯은 많은 질문을 가지고 예수님을 만났습니다. 왜냐하면 그는 예수님의 이적 행하는 소문을 들었기 때문입니다. 그래서 그는 여러 가지를 예수님에게 물었지만 그는 아무 말도 대답하지 않았습니다(눅 23:9). 마가복음 15:5을 보면 예수께서 다시 아무 말씀도 대답지 않으시니까 빌라도가 기이히 여기더라고 했습니다.

재판 자리에서 침묵은 자기가 죄를 인정한다는 뜻입니다. 삶의 현장에서도 침묵은 죄를 인정한다는 뜻입니다. 사람들은 서로 말다툼을 할 때 “입이 있으면 말해 보라”고 합니다. “너는 입이 10개라도 할 말이 없다”고 조롱하기도 합니다. 그래서 세상 사람들은 변명을 하기 위하여 아주 비싼 변호사를 고용하여 재판 자리에 나타납니다. 침묵을 지키는 예수님의 모습을 지켜본 한 사람이 이렇게 말합니다.

“예수를 향하여 섰던 백부장이 그렇게 운명하시는 것을 보고 가로되 이 사람은 진실로 하나님의 아들이었도다 하더라”(막 15:39).

3. 예수님의 죽음은 승리를 가져왔습니다.

예수님의 죽음은 끝이 아니었습니다. 하나님의 손 안에 있는 그는 죽음을 이기고 일어났습니다. 분명히 예수님은 죽었지만 그는 후손을 볼 것이고(10), 생명의 빛을 볼 것이요(11), 만족할 것이요(11), 많은 사람을 의롭게 하고(11), 그는 하나님의 뜻을 성취하리라(10)고 했습니다.

자유주의 신학자들은 하나님은 손자가 없다고 했습니다. 대가 끊어졌다는 말입니다. 왜냐하면 독생자 아들 예수를 십자가에 못박았기 때문입니다.

시편 22:30에 "후손이 그를 봉사할 것이요 대대에 주를 전할 것이라."고 했습니다.

하나님은 후손을 보게 된다고 했습니다. 그리고 그분의 손으로 뜻을 성취한다고 했습니다. 죽으면 많은 열매를 맺는 것이 하나님의 원리입니다.

> *"한 알의 밀이 땅에 떨어져 죽지 아니하면 한 알 그대로 있고 죽으면 많은 열매를 맺느니라"(요 12:24).*

예수님의 희생의 열매는 많은 사람들을 의롭게 했습니다. 의롭게 했다는 말은 하나님과 관계를 회복시켰다는 말입니다. 이스라엘의 바벨론 포로 생활은 끝났고 하나님과의 관계가 회복되었습니다.

> *"지혜있는 자는 궁창의 빛과 같이 빛날 것이요 많은 사람을 옳은 데로 돌아오게 한 자는 별과 같이 영원토록 비취리라"(단 12:3).*

하나님과 인간과의 회복은 우리 예수님만이 할 수 있었습니다. 요한복음 14:6에 "예수님께서 가라사대 내가 곧 길이요 진리요 생명이니 나로 말미암지 않고는 아버지께로 올 자가 없느

니라.”고 했습니다. 예수님의 선교(Mission)는 그의 죽으심으로
뿐만 아니라 그의 생명의 빛으로 이루어지고 있습니다. 예수님
은 죄인들에게 하나님과 교제할 수 있는 은혜의 통로가 되는
것입니다. 예수님은 그의 백성과 세상을 위한 하나님의 계획의
열쇠이기도 합니다.

하나님은 그를 존귀한 자로 만들고 강한 자로 만든다고 했습
니다(사 53:12). 그는 멸시와 천대받는 자리에 있었지만 영광의
자리, 승리의 자리를 차지하게 했습니다. 예수님의 죽음은 승리
를 가져왔습니다. 예수님과 함께 죽는 우리는 승리합니다.

> *“미쁘다 이 말이여, 우리가 주와 함께 죽었으면 또한 함께 살*
> *것이요”(딤후 2:11; 롬 6:6-9).*

부흥의 말씀의 핵심은 기쁜 소식입니다. 복음은 기쁜 소식입
니다. 복음이란 무엇입니까? 이사야 선지자는 이사야 61:1-3에
예언했습니다. 이것을 예수님은 누가복음 4:18-19에서 다시 인
용하고 있습니다.

> *“주의 성령이 내게 임하셨으니 이는 가난한 자에게 복음을 전*
> *하게 하시려고 내게 기름을 부으시고 나를 보내사 포로된 자에*
> *게 자유를 눈먼 자에게 다시 보게 함을 전파하며 눌린 자를 자*
> *유케 하고 주의 은혜의 해를 전파하게 하려 하심이라”(눅*
> *4:18-19).*

부흥은 복음이 전파되는 곳에 일어납니다. 우리 교회와 여러
분의 가정, 그리고 직장과 일터에 이같은 부흥의 불길이 치솟
기를 간절히 축원합니다.

12. 하나님은 부흥의 비전을 허락하셨다

여러분, 비전이란 무엇입니까? 한 단어로 말한다면 "환상" 또는 "이상"입니다. 이것을 사전에서는 "상상력 또는 직감력"이라고 합니다. 다시 말해서 비전은 미래로 여행하는 것입니다. 인류 역사상 비전을 가진 나라, 비전을 가진 사람은 강하지 않고 일어났습니다. 비전은 우리의 미래를 그림처럼 분경하게 볼 수 있는 능력을 말하는 것입니다. 내 가방 안에 있는 도시락이 잠시 후에 5000명도 더 되는 사람들에게 음식을 주는 상상력을 가지는 것입니다. 따라서 통찰력있는 사람이란 다른 사람이 보지 못하는 것을 볼 수 있는 능력을 가진 사람을 두고 하는 말입니다.

성경에서 비전의 목적은 영혼 구원입니다. 모세의 비전, 이사야의 비전, 예수님의 비전, 바울의 비전을 보십시오. 한결같이 사람들을 하나님께로 이끌고 있습니다. 복음을 통하여 하나님을 알게 했습니다. 그리고 구원시켰습니다.

오늘날 선교사의 아버지로 불리우는 윌리암 케리(William Carey, 1761-1834)는 열정의 사람이었습니다. 그는 12살때 학교 공부를 끝마쳤습니다. 그리고 그는 구두수선공이 되었는데, 14살 때 어느 구두방장이의 인도로 예수를 믿게 되었습니다. 그가 예수를 알고자 하는 열정은 결국 그를 침례교 교인이 되게 하였습니다. 그때부터 윌리암 케리는 세상 사람들에게 조금씩 알려져 가는 사람이 되었습니다. 특히 윌리암 케리는 해외 선교에 대하여 열정적이어서 사람들로부터 미움을 많이 받았습니다.

영국의 나이 많은 어떤 목사님은 윌리암 케리가 하나님을 위한 그의 비전을 말하기 위해 일어섰을 때 "젊은이, 자리에 앉아서 말하게. 만약 하나님이 이방에 복음을 전파하기를 원한다면 자네의 도움이 없어도 그분은 할 수 있을 걸세."라고 말했습니다.

결국 윌리암 케리의 선교에 대한 열정(비전)은 40년 동안 인도 선교사로 가서 일하게 했습니다. 그는 신약성경을 번역했고, 세상을 향해 그리스도의 복음을 전파했습니다. 그는 사회적인 악에 대항하는 계몽 운동을 쉬지 않았습니다. 선교에 대한 그의 모든 생각들은 믿지 않는 사람들을 향하여 계속 나아갔습니다.

이사야 54장과 55장의 배경은 포로생활 중에 있는 이스라엘 백성들의 어려운 상황을 그린 것입니다. 이스라엘을 아이를 낳지 못한 여인으로, 남편, 자식, 그리고 집을 빼앗긴 처지에 있는 사람으로 표현했습니다.

이사야 54장과 55장의 중요한 열쇠는 반응(response) 입니다. 이사야 52:10-53:12을 통하여 하나님이 우리에게 행한 일에 대해 우리는 반응이 있어야 합니다. 고난의 종 예수 그리스도는 우리의 죄를 대속했습니다. 그는 우리의 삶에 화평을 가져왔고 우리를 의인으로 인쳐 주었습니다. 이제 우리의 반응이 무엇입니까? 반응이 있어야 합니다. 반응이 없는 사람은 죽은 사람입니다.

이사야 54장에서 이스라엘 나라에 일어나는 부흥의 비전을 생각해 보겠습니다. 이사야가 본 세 가지 비전은 다음과 같습니다.

1. 하나님은 부흥을 위하여 성숙을 명령했습니다.

바벨론 포로생활 가운데 있는 이스라엘의 고난과 암흑 그리고 절망적인 상황을 이사야 선지자는 비유로 말했습니다. 그 비유는 "임신하지 못한 여인의 수치"(사 54:1), "과부된 여인의 수치(사 54:4)", "남편으로부터 버림받은 여인(사 54:6)" 등으로 표현했습니다.

여러분! 아기 없는 여인의 괴로움을 이해할 수 있습니까? 젊은 나이에 과부된 여인의 아픔을 헤아릴 수 있습니까? 남편으로부터 버림받은 여인의 삶을 알아줄 수 있습니까? 이런 사람들의 아픔과 고통은 오늘 포로생활로 있는 이스라엘 민족의 아픔과 같다고 말하고 있습니다.

하나님은 이런 사람들을 위하여 약속을 하고 있습니다. 생산할 수 없는 땅 즉 폐허가 된 곳에서 하나님은 생명을 약속했습니다. 이것이 우리에게 찾아온 부흥입니다.

아브라함의 아내 사라가 잉태하지 못해 아들이 없었습니다(창 11:30). 그러나 하나님은 그녀에게 약속했습니다 "너는 열국의 어미가 되고 열왕이 너에게서 나오리라"고 했습니다. 이것이 사라에게 찾아온 부흥입니다.

괴로움에 처해 있는 사람들에게 이사야는 말합니다.

과거와 현재의 고난이 앞으로 오는 시대에는 사라진다고 했
습니다. 따라서 "네 장막터를 넓히며 네 처소의 휘장을 아끼지
말고 널리 펴되 너의 줄을 길게 하며 너의 말뚝을 견고히 할찌
어다"(사 54:2)라고 했습니다.

이제 어머니의 장막에 자식들이 가득하게 된다는 말입니다.
어머니는 이스라엘, 교회, 가정, 여인을 말하고 있습니다. 이같
은 튼튼한 집, 즉 훌륭한 장막을 만들려면 말씀에 기초한 견고
한 믿음을 가져야 합니다.

예수님은 산상수훈 7장 마지막 부분에서 말씀하시기를 주님
의 말을 듣고 행하는 자는 반석 위에 집을 진 것과 같다고 했
습니다. 이러한 집은 비가 내리고 바람이 불고 어떤 환란이 와
도 흔들려 쓰러지지 않는다고 했습니다.

이제 여러분의 비전이 희미하지 않기를 바랍니다. 말씀의 벽
돌로 여러분의 비전을 생생하게 세워 보십시오. 여러분의 교회,
가정, 일터와 직장에 대한 분명한 꿈이 이루어질 것입니다.

세계적인 전도자 빌리 그레이엄(Billy Graham)은 말하기를
"오늘날 교회에서 가장 우선적인 것은 복음전도를 위하여 평신
도가 움직이는 일이다"라고 했습니다. 여러분의 비전은 우리
교회를 살립니다. 이것이 우리에게 오고 있는 부흥입니다.

2. 하나님은 부흥을 위하여 사랑을 우선으로 여기셨습니다.

현대인의 성경에는 "산은 움직여 없어질지라도 너에 대한 나
의 한결같은 사랑은 변하지 않을 것이며 평화에 대한 내 약속
은 취소되지 않을 것이다. 이것은 너를 불쌍히 여기는 나 여호
와의 말이니라."고 되어 있습니다.

하나님은 그의 백성에 대한 평화와 긍휼의 복을 결코 그치지
않겠다고 했습니다. 부흥은 사랑을 요구하고 있습니다. 우리는
하나님의 사랑이 있어야 합니다. 남편을 사랑하는 사랑이 있어
야 부흥이 일어납니다. "너를 지으신 자는 네 남편이시라"고
했습니다(사 54:5). 하나님을 사랑하는 것으로부터 부흥이 일어
납니다. 부흥이 시작됩니다.

하나님은 또한 그의 사랑을 다시 확인하여 주고 있습니다.
"내가 잠시 너를 버렸으나 큰 긍휼로 너를 모을 것이요" 라고
하였습니다(사 54:7). 현대인의 성경은 "내가 잠시 너를 버렸으
나 큰 사랑으로 다시 너를 맞이하겠다"고 했습니다.

3. 하나님은 부흥을 위하여 승리를 약속했습니다.

하나님은 예루살렘의 영광은 회복될 것이라고 했습니다(사
54:11-12).

하나님의 약속을 믿으십시오. 아버지되신 하나님이 우리를
버려두지 않습니다. 교회와 가정을 분명히 회복시킬 것입니다.

하나님은 사람들에게 특권을 약속했습니다.

"내가 직접 네 백성들을 가르칠 것이며 그들에게 번영과 평화를 줄 것이니"(사 54:13).

하나님은 그들을 지켜줄 것을 약속했습니다(사 54:14-17). 하나님의 약속은 학대로부터, 두려움으로부터, 공포로부터 보호하겠다는 것입니다.

바울은 로마서 8:28에 "우리가 알거니와 하나님을 사랑하는 자 곧 그 뜻대로 부르심을 입은 자들에게는 모든 것이 합력하여 선을 이루느니라"는 약속의 말씀을 주셨습니다.

우리의 비전은 가서 모든 민족으로 제자를 만드는 것입니다(마 28:19). 교회의 생명력은 선교와 복음 전도입니다. 이것은 우리의 선택이 아니라 의무입니다. 바로 예수님의 명령에 대한 반응입니다.

사도행전 16장에서 바울은 그의 비전을 말합니다.

"밤에 환상 중에 바울에게 마게도냐 사람 하나가 서서 건너와서 우리를 도우라"는 말에 바울은 순종했습니다. 이 비전은 유럽에 복음의 문을 열게 했습니다.

성도 여러분!

우리가 받은 복음을 전해야 합니다. 이스라엘의 사해에는 생명체가 없습니다. 왜냐하면 죽은 바다이기 때문입니다. 사해는 받을 줄만 알지 줄 줄을 모릅니다.

사랑을 받은 사람은 사랑을 전해야 합니다. 하나님께 받은 은혜가 있으면 베풀어야 합니다. 우리는 예수 그리스도로 인하여 하나님으로부터 은혜의 빚을 진 자들입니다. 값없이 받은 은혜를 조건없이 나눠줘야 하고 전파해야 합니다.

부흥은 여러분이 하나님 앞에 반응을 보일 때 일어납니다.

다우슨(Dawson Trotman)은 말하기를 "하나님은 100명의 사람이 90% 헌신하는 것보다 1명이 100% 헌신할 때 사용하신다"고 했습니다. 가난하다고, 교회가 작다고, 머리가 우둔하다고 불평하지 말고 100% 헌신과 100%의 반응을 보이시는 성도가 되시기를 축원합니다.

하나님의 비전은 우리보다 훨씬 큽니다.

13. 부흥에의 초대에 응하라

빌리 그레이엄 목사는 "성경 66권은 하나님이 우리를 초대한 가장 긴 초대장"이라고 했습니다. 성경의 첫번째 책인 창세기에서 하나님의 완전한 계획을 아담이 무너뜨렸습니다. 죄로 말미암아 숨어 있는 아담을 하나님은 "너는 어디에 있느냐?"고 부르셨습니다. 성경의 마지막 책인 요한계시록에서도 "성령과 신부가 말씀하시기를 오라 하시는도다 듣는 자도 오라 할 것이요 목마른 자도 올 것이요 또 원하는 자는 값없이 생명수를 받으리라"(계 22:17)하는 초대의 말로 끝나고 있습니다. 따라서 성경은 초대로부터 시작해서 초대로 끝이 납니다.

예수님은 여러 차례 초대의 말씀을 하셨습니다. "수고하고 무거운 짐진 자들아 다 내게로 오라"(마 1:28), "혼인잔치에 오소서"(마 22:4), "누구든지 목마르거든 내게로 와서 마시라"(요 7:37). 이처럼 주님께서는 우리를 반복해서 초대하여 주고 있습니다. 때로는 초대의 말이 긴급한 상황을 나타내기도 합니다.

이 초대는 만족한 삶을 살지 못하는 사람들에게 전해졌습니다. 만족하지 못하는 삶을 살고 있는 사람들은 이사야 55장을 통하여 부흥의 초대를 받아들이기를 축원합니다.

1. 초대의 대상은 누구입니까?

바벨론은 고대 무역의 중심지였습니다. 바벨론 포로 생활가운데서 이스라엘 사람들은 상업에 주로 종사했습니다. 날이면 날마다 물건을 팔기 위해 시장바닥에서 소리를 질렀습니다. 그들이 벌어들이는 물질은 그들에게 만족이 없었습니다. 그들의 손에 돈을 들고 있지만 만족함이 없었습니다. 철학자 플라톤은 인간을 금이 간 항아리에 비유했습니다. 금이 간 커다란 항아리에 물을 가득 채우는 노력을 하지만 이 항아리는 결코 채워질 수가 없습니다. 하나님이 없는 인간의 마음은 항상 비어 있기 때문에 만족이 없고 행복이 없다는 말입니다.

어떤 소설가는 말하기를 "인간의 성공적인 삶은 물질로 이루어질 수 없다"고 했습니다. 물질은 인생의 행복과 방향을 제시해 주지 못한다는 것입니다. 돈으로 모든 것을 해결할 수 있다고 하지만 그렇지가 않습니다.

"너희 목마른 자들아 물로 나아 오라 돈없는 자도 오라"(사 55:1)고 했습니다. 영적으로 배고픈 사람은 하나님에 의해서만 만족을 얻을 수 있습니다. "의에 주리고 목마른 자는 복이 있나니 저희가 배부를 것임이요"(마 5:6)라고 했습니다.

자살을 기도하는 사람은 이 세상에서 만족을 찾다 실패한 사람입니다. 정신과 의사 폴 투르니에(Paul Tournier)는 말하기를 "현대인들은 과학이 주목하지 않는 문제들 즉 죽음에 대한 질문, 사탄의 정체, 인생의 궁극적 목적 등에 대한 해답을 얻기 원하지만 결코 만족한 해답을 찾지 못한다"고 했습니다. 현대 인들은 하나님에게 목말라 있고 무지한 상태에 있습니다. 원인 모를 병과 죽음의 문제는 과학이 해결할 수 없습니다. 따라서 하나님을 찾아갑니다.

C. S. 루이스도 육적인 행복은 만족할 수 없다고 했습니다. 이러한 행복은 진정한 것이 아니기 때문에 꽃처럼 피었다가 사라진다고 했습니다. 진정으로 육적인 욕망은 끝이 없습니다. 15살 먹은 아이는 16살이 되기를 원하고, 자동차와 집을 산 사람은 그것보다 더 좋은 것, 더 큰 것을 바라기 마련입니다. 아무리 많은 돈을 번다고 해도 거기에는 만족이 없습니다.

엘비스 프레슬리(Elvis Presley)는 엄청난 부와 명예를 가지고 있었습니다. 그는 전성기 때 2년 동안에 100만 달러를 벌었습니다. 그가 취입한 레코드는 5억장 이상이나 팔렸습니다. 그는 세 대의 비행기(jets), 두 대의 캐딜락, 롤스 로이스, 링컨 컨티넨탈, 비익, 크라이슬러의 찝차, 마차, 버스, 세 대의 모터 싸이클 등을 가졌습니다. 그가 가장 좋아하는 차는 1960년 캐딜락 리무진이었습니다.

그의 머리는 흰 진주로 덮였고, 그의 몸은 비싼 40벌의 코트로 덮였고, 다이아몬드, 모든 금속에는 18캐럿의 금으로 도금을 했습니다. 자동차 내부는 2대의 도금된 전화기, 금 전기 면도기와 캐이스, 도금된 텔레비전, 금 비디오, 앰프, 에어른, 냉장고, 머리 깎는 금가위, 완축용 전기 신발 등 그는 모든 것을 가졌습니다.

그러나 그는 만족하지 못했습니다. 그래서 결국 약물 중독으로 42세의 나이에 인생을 마감했습니다. 그의 장례식장에는 오십만 명이 넘는 팬들이 모여들었고 미국의 라디오, 텔레비전이

이를 방영했습니다. 심지어 미국 대통령까지 조사를 보냈습니다.

하나님은 "너희는 어찌하여 양식 아닌 것을 위하여 은을 달아주며 배부르게 못할 것을 위하여 수고하느냐"(사 55:2)고 하십니다. 우리를 초청하시는 주님은 "내게 오라."고 목마른 사람을 초청하고 계십니다. 값없이 돈없이 포도주와 젖을 사라고 합니다. 우리는 돈이 없다면 아무것도 살 수 없고, 얻을 수도 없는 세상에 살고 있습니다. 만약 상점주인이 우리에게 상점에 있는 모든 물건들을 공짜로 준다고 한다면 삽시간에 물건들이 바닥이 날 것입니다. 하지만 주님이 값없이 주시는 포도주와 젖은 결코 다함이 없고 바닥이 나지 않습니다.

현실로 보이는 물질을 떠나 영적인 세상을 바라보십시오. 보이지 않는 것이 영원합니다. 보이는 것은 영원하지 못합니다. 바울은 "만일 우리가 보지 못하는 것을 바라면 참음으로 기다릴지니라"(롬 8:25)고 했습니다. 하나님은 위대한 복들을 원하는 사람에게만 팔지 아니하고 그의 초청에 응하는 사람 누구에게나 주고 있습니다. 그 값은 예수님의 피로 이사야 53장에서 다 지불했습니다. "너희는 와서 사먹되 돈없이 값없이 와서 포도주와 젖을 사라"(사 55:1), "나를 청종하라 그리하면 너희가 좋은 것을 먹을 것이며 너희 마음이 기름진 것으로 즐거움을 얻으리라"(사 55:2)고 말씀하고 계십니다.

하나님은 먹다 남은 음식을 우리에게 주시겠다고 하지 않습니다. 그 분이 준비한 만찬은 우리를 위하여 차려놓은 기름진 좋은 음식입니다.

빌리 그레이엄과 그의 아내 룻이 카리브해안의 한 섬에 머물 때에 있었던 일입니다. 그 섬에서 가장 부한 한 사람이 점심을 빌리 그레이엄 내외분에게 대접했습니다. 그는 75세된 노인인데 음식을 함께 먹으며 눈물을 흘리면서 말했습니다. "나는 이 세상에서 가장 불행한 사람입니다. 밖을 보십시오. 내게는 요트가 있습니다. 내가 원하는 곳 어디든지 갈 수 있습니다. 나는 헬리콥터도 있습니다. 나는 행복한 생활을 위한 모든 것을 가졌습니다. 하지만 나는 지옥생활처럼 불행하게 삽니다.”

빌리 그레이엄은 몇 마디 조언과 함께 기도를 해주었습니다. 그리고 그를 그리스도에게 초청했습니다. 그날 오후에 그들은 집 가까이에 있는 교회 목사님을 찾아갔습니다. 75세 된 노인은 눈물을 흘리며 그리스도를 나의 구주로 고백하고 마음의 기쁨을 얻었습니다. 그는 고백하기를 “나는 이 섬에서 최고 행복한 사람입니다”라고 했습니다.

하나님의 초청의 대상은 목마른 사람입니다.

> *“의에 주리고 목마른 사람은 복이 있나니 저희가 배부를 것임이요”(마 5:6).*

여러분 생각에 어떤 사람이 가장 행복한 사람입니까? 돈 있는 사람, 명예를 가진 사람, 그 어느 누구도 아닙니다. 그리스도 예수로 빈 공간을 채우는 사람입니다. 목마른 사람이 예수 그리스도를 찾을 때입니다.

2. 부흥의 초대는 하나님의 사랑입니다.

물질계는 영원하지가 않습니다. 그러므로 하나님과의 영적 교제가 필요합니다. 육적인 목마름은 끝이 없습니다. 그 갈증은 계속 반복되기 때문입니다. 예수님이 사마리아 여인과 대화에서 “이 물을 먹는 자마다 다시 목마르려니와 내가 주는 물을 먹는 자는 영원히 목마르지 아니하리니 나의 주는 물은 그 속에서 영생하도록 솟아나는 샘물이 되리라"(요 4:13-14)고 했습니다.

영적인 목마름은 하나님에 의해서만 채울 수 있습니다. "너희는 여호와를 만날 만한 때에 찾으라 가까이 계실 때에 그를 부르라"(사 55:6)고 했습니다. 예배 시간은 목마름을 해결하고 하나님의 임재를 느끼는 순간입니다.

하나님은 우리를 초대하십니다. 친구들을 통하여 돌잔치나 결혼식에 초대받는 것처럼 부르고 계십니다. 하나님은 우리가 초대에 응할 때까지 기다리십니다.

<하나님의 음성을 듣는 법>이라는 책을 쓴 방송설교가 찰스 스탠리(Charles Stanley) 목사님은 일주일에 여섯 번 설교와 TV프로 녹화 두 번, 그리고 여러 지방을 다니며 순회설교, 큰 교회 목사로서 행정과 심방 등 날이면 날마다 동분서주했습니다.

결국 찰스는 과로로 쓰러져 일주일간 병원에 입원하였고 석 달 간 하나님의 일을 정상적으로 하지 못했습니다. 그는 나중에 말하기를 하나님의 초대의 말에 귀기울이지 않았더니 결국 몸이 망가지게 되었고 하나님의 음성을 병원 침대에서 들었다고 했습니다.

하나님의 초대는 그 분의 위대한 사랑입니다. 그분의 사랑이 없다면 우리를 불의한 대로 우리의 정욕대로 내버려 두었을 것입니다. "악인은 그 길을, 불의한 자는 그 생각을 버리고 여호와께로 돌아오라 그리하면 그가 널리 용서하시리라(사 55:7)"고 했습니다.

캠벨(Duncan Campbell) 목사님은 말하기를 "개인적인 부흥은 자신의 의로움에서 일어나고, 교회의 부흥은 회개와 거룩함에 있다"고 했습니다.

우리가 하나님께 돌아서면 거기서 하나님의 긍휼을 찾게 됩

니다. 전에 우리가 타락한 사람이라 할지라도 지금 하나님은
우리를 용서하십니다.

　저는 어느 날 아침 공원에 나가 거닐면서 이사야 53:5 말씀
을 묵상하며 기도했습니다.

> *"그가 찔림은 우리의 허물을 인함이요*
> *그가 상함은 우리의 죄악을 인함이라*
> *그가 징계를 받음으로 우리가 평화를 누리고*
> *그가 채찍에 맞음으로 우리가 나음을 입었도다."*

　이 말씀을 외우고 또 외우고 약 30번 반복했습니다. 그러는
가운데 그리스도의 사랑을 경험했습니다.

　하나님은 예수 그리스도가 우리에게 행한 일로 모든 것을 용
서하였습니다. 언제든지 우리는 그 분의 초대에 응할 수 있습
니다. 왜냐하면 아들 예수 그리스도가 초청받을 수 있도록 길
을 열어 놓았기 때문입니다.

　탕자의 이야기(눅 15장)를 생각해 보십시오. 어떤 사람은 자
기가 너무 악하기 때문에 용서받을 수 없다고 합니다. 탕자도
그렇게 생각했습니다. 그러나 하나님의 생각은 우리의 생각과
다릅니다.

　하나님께서 말씀하시기를 "내 생각은 너희 생각과 다르며 내
길은 너희 길과 달라서 하늘이 땅보다 높음같이 내 길은 너희
길보다 높으며 내 생각은 너희 생각보다 높으니라"(사 55:8-9)
고 했습니다.

　하나님의 용서는 인간의 용서보다도 더 큽니다. 돌아온 탕자
에게 아버지는 최고로 좋은 옷을 입히고 반지를 끼어주고 신발
을 신겨주고 살진 소를 잡아 잔치를 베풀었습니다. 아버지는
돌아온 탕자를 받아들였습니다. 이것이 하나님의 사랑입니다.

부흥의 초대는 하나님의 사랑입니다.

3. 부흥의 초대는 하나님의 능력입니다.

농부는 인내가 필요합니다. 씨를 뿌리고 그 열매를 거두기까지는 많은 시간이 필요합니다. 태양, 씨앗, 토양, 기온이 조화를 이루어 열매를 만들어 냅니다. 영적인 삶도 마찬가지입니다. 하나님의 말씀을 심고 때를 기다리면 수확을 할 수 있습니다. 하나님의 말씀이 사람들에게 받아들여질 때 놀라운 능력이 나타납니다. 삶이 변화됩니다. 주님의 말씀에 초대될 때 하나님의 능력을 경험하게 됩니다.

> *"내 입에서 나가는 말도 헛되이 내게로 돌아오지 아니하고 나의 뜻을 이루며 나의 명하여 보낸 일에 형통하리라"*(사 55:11).

이스라엘은 에스라, 느헤미야 때 많이 회복되었습니다. 세상의 포로생활에서 완전히 회복되는 때는 그리스도가 왔을 때입니다.

창세기 3:18에 보면 "땅이 네게 가시덤불과 엉겅퀴를 낼 것이요"라고 했습니다. 때때로 자연은 우리의 적이 되었고 우리 인생의 어려움들 즉 질병, 시험, 전쟁, 걱정과 근심 등을 가져다 주었습니다. 지진이나 화산 같은 자연적 재난은 창조 질서에 대한 무질서를 상징한 것입니다.

아담은 불순종으로 실패했지만 예수 그리스도가 오시므로 다시 회복 즉 부흥이 왔습니다. 예수 그리스도의 초대에 응하게 되면 우리는 성령을 선물로 받을 수 있습니다. 바울은 "하나님의 나라는 말에 있지 아니하고 오직 능력에 있음이라"(고전 4:20)고 했습니다.

하나님의 초대는 목마른 자, 배고픈 자를 부르는 것입니다. 초대받은 우리는 하나님의 능력을 경험할 것입니다. 하나님의 영광을 보게 될 것입니다.

예수님을 만날 때 기쁨이 있습니다. "수고하고 무거운 짐진 자들아 다 내게로 오라 내가 너희를 쉬게 하리라."고 했습니다. 예수님은 "내가 곧 생명의 떡이니 내게 오는 자는 결코 주리지 아니할 터이요 나를 믿는 자는 영원히 목마르지 아니하리라" (요 6:35)고 했습니다.

주님의 초대에 응합시다. 주님이 부르는 소리에 응답합시다. 나의 바쁜 생활로 하나님의 음성을 놓치는 일이 없어야 합니다. 하나님의 음성에 귀기울이시고 그 분의 초대의 장으로 나갑시다. 그리하여 하나님의 사랑과 능력을 경험하심으로 부흥을 맞이하시길 축원합니다.

14. 본향을 회복하라

옛부터 지금까지 오랜 세월 동안 나라끼리는 끊임없이 정치적으로 경제적으로 싸우고 있습니다. 역사가가 말하기를 BC. 500년부터 AD. 1925년 사이에 아주 중요한 전쟁이 967번이나 있었다고 합니다. 2500년 동안 967번의 전쟁이 있었다는 것은 2년 반마다 1차례씩 일어났다는 말입니다. 또한 1925년부터 1950년까지 25년 동안 세계 2차 대전을 비롯한 많은 전쟁이 있었습니다.

런던의 국제법협회의 통계자료를 보면 마지막 4000년 기간 중 900번의 평화조약이 있었는데, 그럼에도 불구하고 평화로웠던 기간은 단지 268년 뿐이었다고 했습니다. 대부분의 전쟁은 사탄이 활동하여 사람과 사람, 나라와 나라를 이간질하여 싸움을 붙였습니다.

바벨론 제국의 포로민들도 이러한 상황에서 살았습니다. 나라를 잃고 포로생활을 하는 이스라엘 사람들의 생각과 반응,

그리고 그들의 마음과 정신이 어떠하였겠습니까? 그들은 고향을 그리워했습니다. 이스라엘 백성은 폐허가 된 도시, 폐허가 된 성전을 그리워 하였습니다. 지금 포로민들은 번영하는 바벨론 성에서 잘 먹고 건강하게 지내고 있습니다. 그러나 이은 향수병에 걸렸습니다. 선한 사람도, 악한 사람도, 어린이도, 어른도, 가난한 사람도, 부한 사람도 고향을 그리워 하는 것은 마찬가지입니다. 아니 죽은 사람도 고향 집을 그리워 하여 장지에 가기 전에 고향집을 한번 돌고 갑니다.

제가 알고 있는 한 권사님은 죽으면서 유언하기를 "내가 죽으면 고향 땅에 묻어 달라"고 했습니다, 이 권사님 고향은 전라남도에 속한 조그마한 섬이었는데, 고향을 잊지 못해 그렇게 유언을 한 것입니다. 수사기관에 근무하는 한 경찰관은 범인이 도주했을 때 그를 손쉽게 잡을 수 있는 길은 그의 고향에 가서 잠복 근무를 하는 것이라고 했습니다.

이북이 고향인 사람은 고향 땅을 보고 와서야 눈을 감는 것을 볼 수 있습니다. 그리고 명절 때마다 임진각에 다녀옵니다. 고향 땅이 가난과 우상, 폭력과 부정부패로 가득찼다고 해도 우리는 고향을 그리워 합니다. 지금은 IMF로 직장을 잃은 많은 사람들이 고향으로 내려가고 있다고 합니다.

여러분 탕자가 왜 고향을 그리워 하며 고향에 계신 아버지에게 돌아왔습니까? 사람은 누구나 가난하고 병들면 본능적으로 고향을 그리워 합니다. 건강할 때, 부유할 때, 성공할 때 고향을 그리워 하는 사람은 애국자입니다.

바벨론 포로민들은 먹고 사는 데는 문제가 없었습니다. 그러나 그들은 고향을 그리워 했습니다. 다니엘이 사자굴에 들어가기 직전에 하루 세 번씩 고향인 예루살렘쪽의 창문을 열어놓고 기도했습니다. 그는 폐허가 된 예루살렘 성이 회복되기를 기원

했습니다.

　그는 진정으로 고향 땅에 부흥이 일어나기를 소원했습니다. 북한 땅이 식량문제로 어렵다는 뉴스가 보도되자 고향땅을 그리워 하던 사람들, 실향민들은 너나 할 것 없이 북한을 돕는 데 앞장을 서고 있습니다. 정주영 회장은 소를 몰고 고향을 찾아갔습니다. 관광 사업을 위하여 금강산을 개발하고 있습니다. 남한땅이 북한땅보다 먹고 사는 데 문제가 없습니다. 그래도 기근으로 심각한 북한땅을 그리워 합니다.

　농사를 위해 부족한 유대 땅보다는 바벨론 땅은 여러 가지 면에서 너무나 풍부했습니다. 유브라테스 강줄기로 상인들의 무역 통로는 물론이거니와 농사를 위하여 식량을 생산하는데도 아무런 장애가 없었습니다. 이처럼 번창하는 나라였지만 그들의 고향이 아니었습니다. 그들의 고향은 폐허가 된 도시였습니다. 설상가상으로 포로민들은 하나님조차 우리를 버렸다고 생각했습니다. 그들 스스로는 하나님께 버림받은 사람으로 생각했습니다. 나라를 잃은 포로민들은 정치적으로 힘없이 생활했습니다.

　바벨론 왕 느부갓네살은 예루살렘의 모든 백성과 모든 방백과 모든 용사 10,000명과 모든 공장과 대장장이를 사로잡아갔습니다. 성경은 기록하기를 비천한 자 외에는 그 땅에 남은 자가 없다고 했습니다(왕하 24:10-17). 이 때 에스겔 선지자도 함께 붙잡혀 갔습니다. 포로생활 중에 포로민들은 모두가 슬퍼했습니다. 그들은 "하나님이 지금도 우리의 하나님인가"라고 했습니다.

　포로생활 가운데 이들의 영적인 지도자는 에스겔 선지자였습니다. 에스겔은 포로민들에게 "바벨론의 신이 우리의 신이신 하나님보다 크지 않다"고 강조했습니다. 나라 잃은 백성들에게 하나님은 위대하시고, 거룩하시고, 존귀하시다고 반복하여 말하기가 쉽지 않습니다. 하지만 바벨론은 그들의 죄악으로 하룻밤에 무너지리라는 예언의 말씀을 에스겔 선지자는 굳게 믿었습니다. 포로생활 가운데서도 믿음있는 사람들은 아모스, 호세아, 미가, 이사야 선지자가 말한 예언의 말씀을 읽었습니다. 모든 선지자들은 예레미야 선지자처럼 운명의 날이 왔다고 했습니다. 그것은 하나님의 명령에 불순종하였기 때문이라고 했습니다.

에스겔 선지자는 죄악을 버리고 옳은 길로 가라고 외쳤습니다. 그러면 하나님이 용서하신다고 했습니다. 믿음있는 사람들은 반복해서 하나님의 말씀을 연구했습니다. 하나님 앞에 부끄러움이 없다고 자만하는 백성들이 질문합니다. "왜 우리는 고통을 당하고 있는가? 우리는 우상을 섬기지도 않았는데… 우리는 바벨론 신을 예배하지도 않았는데…" 그것은 바로 우리 선조들이 지은 죄값이라고 스스로 대답했습니다. 이렇게 말하는 포로민들에게 에스겔은 언성을 높여 말했습니다. "너희 마음에 우상이 들어있다"고 했습니다. 하나님의 거룩함이 그들 마음에 없는 것이 바로 우상을 섬기는 것이라고 지적했습니다.

에스겔은 계속해서 말하기를 "너희 생각에 너희의 고통이 너희 선조 때문이라고 하는 것은 잘못 생각한 것이라"고 했습니다. 그들은 "왜 의로운 사람은 고통을 받고 악한 사람은 날로 번창하느냐?"고 질문했습니다. 만약 하나님이 의로운 사람이라면 왜 의인은 고통을 당하고 악이 번창하게 하겠는가 하면서 하나님이 그들을 버리셨다고 스스로 생각했습니다.

하나님은 이스라엘 백성뿐만 아니라 모든 인류를 사랑합니다. 하나님은 전지전능하신 분이시고, 인류를 지배하시는 분이십니다. 하나님의 종으로 따르는 사람은 고통이 함께 따릅니다.

우리가 즐겨 부르는 찬송가 가사를 보십시오. "내 주를 가까이 하게 함은 십자가 짐 같은 고생이나 내 일생 소원은 늘 찬송하면서 주께 더 나가기 원합니다. 내 고생하는 것 옛 야곱이 돌베개 베고 잠 같습니다. 꿈에도 소원이 늘 찬송하면서 주께 더 나가기 원합니다"(364장 1-2절).

하나님의 길은 우리 길보다 높으며 하나님의 생각은 우리 생각보다 높습니다(사 55:9). 하나님께서는 70년 포로생홑에 있는 백성들을 위로하였습니다. 그 분은 그들의 죄의 용서를 선언했습니다.

하나님은 선지자의 입을 빌려서 말하기를 "보라 주 여호와께서 장차 강한 자로 임하실 것이요 친히 그 팔로 다스릴 것이라"(사 40:10)고 했습니다. 부흥이 일어나기 직전의 선지자의 소리를 들어 보십시오.

> "너희는 광야에서 여호와의 길을 예비하라 사막에서 우리 하나님의 대로를 평탄케 하라 골짜기마다 돋우어지며 산마다 작은 산마다 낮아지며 고르지 않은 곳이 평탄케 되며 험한 곳이 평지가 될 것이요"(사 40:3-4).

바벨론 포로민들은 무적의 바벨론 성이 무너지리라고는 상상도 못했습니다. 그들의 정치적인 힘과 경제적인 힘을 잘 알고 있었기 때문입니다. 그 당시 하나님은 페르시아 나라에게 힘을 주어 한두 나라씩 점점 정복하여 가게 했습니다. 이 때 하나님은 페르시아의 고레스 왕을 사용하여 이스라엘을 회복시켰습니다. 하나님은 고레스에게 "내가 네 앞서 가서 험한 곳을 평탄케 하며 놋문을 쳐서 부수며 쇠빗장을 꺾고 네게 흑암 중의 보화와 은밀한 곳에 숨은 재물을 주어서 너로 지명하여 부른 자가 나 여호와 이스라엘의 하나님인 줄 알게 하리라"(사 45:2-3)고 했습니다.

하나님은 고레스를 사용하여 바벨론 느부갓네살 왕이 빼앗아 간 예루살렘 성전 기구들을 되찾아 오고 있습니다. 바벨론 성은 전쟁다운 전쟁도 해보지 못하고 무너졌습니다.

하나님의 것을 가지고 있는 사람은 다 내어 놓아야 합니다. 하나님은 그것을 잊어버리지 않습니다. 어떤 분은 하나님의 것을 드리지 않고 다른 곳에 사용하였다가 하나님이 도로 찾으시니 짧은 시간에 망하여 버렸습니다. 뒤늦게 깨달은 이 사람은 회개하며 통회했습니다.

이방나라 고레스 왕은 아주 현명한 사람이었습니다. 그는 바벨론 성을 무너뜨리고 모든 금, 은, 보화를 소유할 수 있었지만 그렇게 하지 아니하고 유대인들에게 예루살렘 성전으로 모든 성전기구를 가져가도록 허락했습니다. 이스라엘 백성들은 편하게 바벨론 땅에 머물러 살 수도 있었지만 그들은 70년 동안 버려진 나라를 세우기 위하여 다시 험한 길을 출발했습니다.

선지자가 외쳤던 이스라엘의 부흥은 왔습니다. 오늘도 성경 말씀은 하나하나 이루어져가고 있습니다. 하나님은 우리 교회를 떠나가지 않으셨습니다. 하나님은 여러분의 가정을 버리지 않으셨습니다. 하나님은 여러분의 일터에 무관심하지 않으십니다. 부흥의 때가 올 것입니다. 우리들의 나그네 생활은 조만간 끝이 나고 우리가 바라는 고향은 부흥될 것입니다. 우리는 육신의 고향이 회복되기를 원합니다. 또한 영혼의 고향이 우리를 기다리고 있습니다. 우리의 본 고향은 이 세상이 아닙니다. 천국입니다. 고향으로 돌아가지 않으려는 사람은 하나님의 자녀가 아닙니다. 나는 고향의 부흥이 내 속에서와 이땅 위에 이루어지기를 소원합니다.

15. 부흥이 보인다

　어젯밤에 중국인인 리키(Ricky)라는 친구에게 전화를 받았습니다. 그 친구가 부흥에 관해 설교 준비를 하다가 한국 여의도 순복음 교회에 대하여 알고 싶어서 전화를 했다고 했습니다. 저에게 조용기 목사님이 시무하는 교회의 성도 숫자가 얼마나 되는지를 물었습니다. 잠깐 기다리라고 하고 내가 부흥에 관하여 즐겨있는 책을 펼쳐서 대답을 하여 주었습니다. 이 친구가 너무 놀라는 반응을 보였습니다. 대답을 해주는 나 또한 놀랐습니다.

　어떤 영국 목사님이 한국의 부흥에 대하여 책을 썼는데, 여의도 순복음 교회에 관해서는 이렇게 기록하고 있습니다.

　"여의도 순복음 교회는 세계에서 가장 큰 교회입니다. 여의도 교회 성도수는 750,000명 정도입니다. 세계에서 제일 큰 교회 20개 중에 10개가 서울에 있습니다. 1900년에 한국의 크리스천은 50,000명이었는데, 이 숫자는 1907년 평양에서부터 부흥운동이 일어나기 시작해서 부흥이 되었습니다.

1990년에 남한의 성도수는 12,000,000명으로 부흥되었습니다. 기독교인의 40%가 서울에 살고 있습니다. 이미 7000 교회가 넘고 있고, 20개의 교회가 매일 개척되고 있습니다. 매일 아침 5시에 1,000,000명의 성도가 기도를 드리고 있는데, 이 기도는 나라의 부흥과 세계선교를 위해서입니다."

이사야 55:10-13은 이스라엘의 부흥을 말하고 있습니다. 나팔소리가 들리는 말씀입니다. 믿는 사람들은 언젠가 하나님이 자신을 구원하여 줄 것을 믿습니다. 이것이 부흥의 표징입니다. 이사야 선지자는 바벨론 포로생활에서 고향으로 막 돌아가려고 하는 백성들에게 "너희는 기쁨으로 나아가며 평안히 인도함을 받을 것이요"(사 55:12)라고 말하고 있습니다. 하나님은 이스라엘의 구원사를 통하여 부흥을 우리에게 가르쳐 주고 있습니다.

1. 하나님은 과거의 부흥을 보여 주었습니다.

BC. 587년에 예루살렘 성전은 바벨론 군대들에 의해 무너졌습니다. 이때 이스라엘의 많은 상류사회에 속한 사람들은 바벨로니아의 수도 바벨론으로 붙잡혀 갔습니다. 재능있는 기술자, 학자, 제사장들은 약속의 땅을 떠나야만 했고 바벨론 성으로 따라가야만 했습니다. 지도자 없는 이스라엘은 무정부 상태가 되었습니다.

이사야 39장에 이미 이사야는 동쪽의 군대에 의해서 모든 백성은 약탈될 것이라 말했습니다.

> "보라 날이 이르리니 네 집에 있는 모든 소유와 네 열조가 오늘까지 쌓아둔 것이 모두 바벨론으로 옮긴 바 되고 남을 것이 없으리라"(사 39:6).

우리는 하나님이 어떻게 이방나라 페르시아 왕 고레스와 바벨론 왕 느부갓네살을 통하여 이스라엘의 죄악을 심판하고 있는지를 배울 수 있습니다. 하나님의 구원 계획은 우리의 생각으로 이해하기 어려울 때도 있습니다. 그러나 분명한 것은 하나님은 자기 백성을 버리지 않는다는 것입니다. 하나님이 친히 말씀하시기를 "내가 과연 너희를 버리지 아니하고 과연 너희를 떠나지 아니하리라"(히 13:5)고 했습니다.

하나님의 심판은 죄 가운데 있는 백성들의 징계이지 파괴가 아니었습니다. 이스라엘의 역사를 통해 볼 때 하나님은 징계를 통하여 자기 백성들을 돌아오게 하고 구원하십니다. 우리들 가정에서도 자녀들을 통하여 이와 같은 사실을 배울 수 있습니다.

내가 아는 한 집사님 가정의 딸은 숙제를 하지 않습니다. 매 학기마다 이 문제로 싸웁니다. 그들 부부는 딸에게 매순간 경고를 합니다. 매년마다 공부하라고 경고합니다. 때때로 협박도 합니다. 그녀는 괴로우면서도 부모님의 압력에 순종을 합니다. 그래서 그 집사님의 딸은 매년 장학생으로 상을 받습니다. 그녀는 고통을 이기고 계속하면 상을 받는 기쁨이 있다는 것을 압니다. 고난을 통하여 배우고 경험합니다. 역사 속에 나타난 과거의 부흥은 오늘의 부흥이 됩니다. 오늘의 기쁨이 됩니다. 오늘의 상급이 됩니다.

2. 하나님은 현재의 부흥을 일으키고 있습니다.

이사야 40장-55장은 어둠 속에 있는 사람들에게 위로하는 말씀입니다. 성경적으로 보면 바벨론 포로민들은 하나님의 심판을 받고 있는 것입니다. 하지만 거기에는 희망의 말씀도 있습니다. 희망의 말씀은 그들을 결코 버리지 않겠다는 말씀입니다.

약속은 절대적인 하나님의 말씀에 기초하고 있습니다. 이 말씀은 목적을 이루고, 번영을 이루고, 성취를 약속했습니다. 구약 성경에서 부흥의 종 예수 그리스도가 오신다는 예언의 약속은 300회나 언급되어 있습니다.

선지자의 입으로 예언된 말씀은 곧 하나님의 약속입니다. 이 약속은 지금 이루어지는 부흥입니다. 예수님께서는 "내 말을 듣고 또 나 보내신 이를 믿는 자는 영생을 얻었고 심판에 이르지 아니하나니 사망에서 생명으로 옮겼느니라"(요 5:24)고 했습니다. 이것은 시제가 현재형으로 되어 있습니다. 따라서 지금 믿으면 이 순간부터 영생을 얻는다는 것입니다. 이것이 현재의 부흥입니다.

3 하나님은 미래의 부흥을 약속했습니다.

약속의 말씀은 사람들에게 기쁨을 줍니다. 이사야는 "산들과 작은 산들이 너희 앞에서 노래를 발하고 들의 모든 나무가 손바닥을 칠 것이며"(사 55:12)라고 했습니다. 이것은 사람 뿐 아니라 온 자연이 기뻐하는 모습입니다.

예수님께서 예루살렘 입성 때 많은 백성들이 환성을 지르며 소리쳤습니다. 이 때 시기하는 바리새인들이 예수님에게 와서 너무 시끄러우니 당신의 제자를 책망하여 중지하라고 했습니다. 예수님께서 대답하시기를 "만일 이 사람들이 잠잠하면 돌들이 소리지르리라"(눅 19:39, 40)고 했습니다. 70년 바벨론 포로생활의 귀환을 우리는 제 2의 출애굽이라고 부릅니다. 여기에는 하나님의 목적이 있습니다.

하나님은 그의 목적을 성취할 때까지 결코 쉬지 않습니다.

하나님은 말씀하시기를 잣나무는 가시나무를, 화석류는 질려를 대신하겠다고 했습니다. 결국 화가 변하여 복이 된다는 말씀입니다. 하나님의 약속의 말씀은 "영영한 표징이 되어 끊어지지 아니하리라"(사 55:13)고 했습니다. 이는 회복을 약속하는 하나님의 의지가 담겨 있습니다. 개인적인 믿음뿐만 아니라 가정도, 나라도 회복시키겠다는 것입니다. 이것이 우리에게 다가오는 부흥입니다.

하나님의 백성은 그 분의 위대한 약속을 믿고 위대한 말씀을 믿습니다. 이 말씀은 우리에게 복과 부흥을 전해주고 있습니다. 비가 갠 후에 오색찬란한 무지개가 떠오르듯이 여러분의 아름다운 신앙 위에 하나님의 영광스러운 부흥이 일어나기를 축원합니다.

16. 전도는 영적 온도계이다

이사야 58장은 이스라엘 백성이 BC 538년에 바벨론 포로생활에서 돌아온 후 그들의 상황을 표현한 것입니다. 이 시대적 상황은 오늘날 우리에게 매우 중요한 교훈을 주고 있습니다. 선지자 이사야는 "크게 외치라 아끼지 말라 네 목소리를 나팔같이 날려 내 백성에게 그 허물을 야곱 집에 그 죄를 고하라"(58:1)고 했습니다. 상황이 매우 임박함을 알 수 있습니다.

전도는 무엇보다도 먼저 회개가 있어야 합니다. 그리스도를 내 주로 고백한 사람은 전도를 결코 소홀히 하지 않습니다. 그럼 전도는 무엇입니까?

1. 전도는 이웃 사랑입니다.

하나님은 개인적인 신앙을 자랑하는 사람들을 책망하고 계십니다. 그들은 종교적인 열심이 대단했습니다. 그들은 기도, 금식생활에 열심이 있었습니다. 문제는 이웃을 돌보지 않고 개인주의에 빠진 것입니다. 하나님 중심이 아닌 자기 중심의 오류에 빠졌습니다. 자기 의지가 강했던 것입니다. 그들은 금식하는 날에 오락을 하고(사 58:3) 금식하면서 싸움을 했습니다(사 58:4).

오늘날도 교회에 하나님을 사랑한다고 하는 사람들이 모였습니다. 그러나 서로를 사랑하기 보다 서로 싸움을 하고 있습니다. 형제와 자매를 미워합니다. 이러한 예배와 기도는 하나님이 기뻐하지를 않습니다.

하나님은 "나는 인애를 원하고 제사를 원치 아니하며 번제보다 하나님을 아는 것을 원하노라"(호 6:6)고 말씀하셨습니다. 현대인의 성경에는 "나는 자비를 원하고 제사를 원치 않으며 불로 태워 바치는 번제보다 나를 아는 것을 원한다"고 했습니다.

다시 설명한다면 전도는 "내 형제 중에 지극히 작은 자 하나에게 한 것이 곧 내게 한 것이니라"(마 25:40)고 한 주님의 말씀을 기억하며 따를 때 일어납니다.

2. 전도는 하나님의 사랑입니다.

이사야 58:6에서는 사회에 대한 관심을 요구하고 있습니다. 사회에 관심이 없는 사람은 산으로 들어간 중이나 수도승들과 다를 바가 없습니다. 예수님의 관심은 "흉악의 결박을 풀어주며 멍에의 줄을 끌러주며 압제 당하는 자를 자유케 하며 모든 멍에를 꺾는 것"(사 58:6)이라고 했습니다. 예수님은 외롭고 소외당한 사람을 외면하지 않았습니다.

하나님은 교회를 통하여 그분의 사랑을 보여 주시기를 원하십니다. 빌리 그레이엄 목사님은 복음 전도를 위하여 사회제도를 무시하지 않았습니다. 어려움 당한 사람들을 위하여 많은 물질을 후원했습니다. 마틴 루터킹은 영혼 구원을 위하여 정치적인 활동을 중단하지 않았습니다. 테레사 수녀는 사회활동을 멈추지 않았습니다. 선지자들은 사회적인 문제의 책임을 하나님의 백성들에게 돌리고 있습니다.

남 아프리카의 대통령 넬슨 만델라는 그의 자서전 <자유를 위하여 오랫 동안 걸었다>(Long Walk to Freedom)에서 감옥 생활을 이렇게 표현하고 있습니다.

"감옥에 있는 죄수들은 석회 채석장에서 고된 일을 했습니다. 노동을 강요하는 극악 무도한 간수들은 때리기도 하고 그들 앞에 사나운 개들을 세워 놓고 일을 시켰습니다. 그들은 바깥 세상과 연락을 두절시켰습니다."

만델라는 6개월마다 한 장의 편지를 쓸 수 있도록 허락받았습니다. 만델라에게 많은 편지가 왔지만 그들은 그에게 편지를 전해주지 않았습니다. 부인으로부터 오는 편지는 너무 검열이 심했기 때문에 자세한 내용을 쓸 수가 없었습니다. 한번은 만델라가 자기를 지키는 병사 뒤에 버려진 신문조각을 보았다고 3일 간이나 격리시키고 음식도 끊었습니다.

그는 계속 증언하기를 백인과 흑인의 차별이 심하였다고 했습니다. 그들은 감옥도 분리했으며 흑인에게는 긴 옷을 허락하지 않았고 음식도 백인보다 적게 주었다고 했습니다. 마치 동물을 다루듯이 했다고 했습니다.

얼마 전에 그가 캐나다에 왔을 때 캐나다 수상 쟝크리티안은 공식적인 연설에서 그를 "진짜 영웅"이라고까지 달했습니다. 하나님을 두려워 하는 신앙인이 하나님의 형상을 닮은 사람을 개처럼 대우한다면 거기에 참다운 하나님의 사랑이 있다고 할 수 없습니다. 예수님은 원수를 내 몸처럼 사랑하라고 했습니다. 예수님이 율법사에게 말하기를 "네 마음을 다하며 목숨을 다하며 힘을 다하며 뜻을 다하여 주 너의 하나님을 사랑하고 또한 네 이웃을 네 몸과 같이 사랑하라"(눅 10:27)고 했습니다.

어떤 동네에 아주 악한 며느리가 있었습니다. 그 며느리는 늙은 시어머니를 학대했습니다. 밥도 제때 주지 않고 굶겼습니다. 시어머니의 옷도 빨아주기는커녕 불태워 버렸습니다. 쉽게 말하자면 빨리 죽어달라는 것이었습니다. 결국 시어머니는 죽었습니다.

세월이 흘렀습니다. 그 며느리에게는 세 아들이 있었습니다. 한 아들은 공사판에서 젊은 나이로 죽었습니다. 또 한 아들은 중풍을 맞아 입이 돌아갔습니다. 마지막 남은 아들 또한 성공적인 삶을 살지 못했습니다. 설상가상으로 그녀의 남편마저 간암으로 죽었습니다.

연약한 사람을 사랑하는 것이 하나님을 사랑하는 것입니다. 여러분! 하나님의 사랑이 어디에 있습니까? 예수님은 십자가에서 운명하시면서 자기를 못박는 자들을 위하여 하나님 아버지께 기도하기를 "아버지여 저희를 사하여 주옵소서 자기의 하는 것을 알지 못함이니라"(눅 23:34)고 했습니다.

하나님의 기뻐하는 금식은 "주린 자에게 네 식물을 나누어 주며 유리하는 빈민을 네 집에 들이며 벗은 자를 보면 입히며 또 네 골육을 피하여 스스로 숨지 아니하는 것이다"(사 58:7)라고 했습니다.

이와 같이 하나님을 기쁘시게 하는 생활에 하나님께서는 9가지의 복을 약속했습니다.

1. 하나님은 새로운 출발을 약속했습니다.

"그리하면 네 빛이 아침같이 비칠 것이며(사 58:8).

2. 하나님은 회복과 치료를 약속했습니다.

"네 치료가 급속할 것이며"(사 58:8).

3. 하나님은 안전과 보호를 약속했습니다.

"네 의가 네 앞에 행하고 여호와의 영광이 네 뒤에 호위하리니"(사 58:8).

4. 하나님은 기도 응답을 약속했습니다.

"네가 부를 때에는 나 여호와가 응답하겠고 네가 부르짖을 때에는 말하기를 내가 여기 있다 하리라"(사 58:9).

5. 하나님은 어둠에 빛을 약속했습니다.

"네 빛이 흑암 중에서 발하여 네 어두움이 낮과 같이 될 것이며"(사 58:10).

6. 하나님은 인도를 약속했습니다.

"나 여호와가 너를 항상 인도하여 마른 곳에서도 네 영혼을 만족해 하며"(사 58:11).

7. 하나님은 힘을 약속했습니다.

"네 뼈를 견고케 하리니"(사 58:11).

여러분의 뼈가 젊은 사람처럼 된다는 것입니다.

8. 하나님은 풍성한 자원을 약속했습니다.

　"너는 물댄 동산 같겠고 물이 끊어지지 아니하는 샘 같을 것
이라"(사 58:11).

9. 하나님은 부흥을 약속했습니다.

　"네게서 날 자들이 오래 황폐된 곳들을 다시 세울 것이며 너
는 역대의 파괴된 기초를 쌓으리니 너를 일컬어 무너진 데를 보
수하는 자라 할 것이며 길을 수축하여 거할 곳이 되게 하는 자
라 하리라"(사 58:12; 61:4).

전도는 하나님 없이 일어날 수 없습니다. 내가 살아 있는 것
이 아니고 그리스도 안에서 죽는 순간부터 일어나는 것입니다.
여러분의 모든 생활 속에 하나님이 함께 하는 삶이 되시기를
바랍니다.

3. 전도는 하나님과 이웃을 사랑하는 것입니다.

이사야 선지자는 전도는 안식일을 잘 지켜야 한다고 했습니
다. 하나님의 자녀임을 확인할 수 있는 날이 안식일 입니다. 캐
나다 토론토에 가면 유대인들이 많이 살고 있는 동네가 있습니
다. 이 유대인들은 토요일 날이면 검정 두루마기와 검정 모자
를 쓰고 온 가족이 손잡고 회당을 찾아갑니다. 유대인이 아닌
사람들이 이 모습을 볼 때 저들이 하나님을 사랑하는 유대인들
이라는 것을 알 수 있습니다.

온전히 거룩한 주일, 즉 안식일을 지키면 하나님은 즐거움을 주겠다고 약속했습니다(사 58:14). 또한 그 분은 "땅의 높은 곳에 올리겠다"고 했습니다. 어려움을 당할 때마다 그것을 이기게 하여 주겠다는 말씀입니다.

전도는 수평적으로 이웃사랑과 수직적으로 하나님 사랑이 있어야 합니다. 예수님이 사형 당하신 십자가는 수직과 수평을 상징하고 있습니다. 부흥은 수직적 사랑과 수평적 사랑이 있을 때 시작되는 것입니다.

진정한 부흥은 인간의 마음이 변화될 뿐만 아니라 지역사회와 잘못된 제도가 바뀌게 됩니다. 부흥은 하나님의 사랑과 이웃의 사랑이 함께 어우러져 천국 잔치를 하는 것입니다.

19세기 초에 미국과 영국을 부흥시킨 챨스 피니(1792-1875)는 교회의 가장 큰 비지니스는 세상을 개혁시키는 것이라고 했습니다. 이것은 모든 죄를 성령의 불로 태워 깨끗하게 한다는 말입니다. 교회는 모든 죄가 사라질 때까지 개혁해야 합니다. 개인적인 죄는 물론이거니와 사회 공동체 안의 죄, 국정을 운영하는 정부 요원들의 죄, 교회의 직분을 맡은 사람들의 죄가 사라질 때 전도는 크게 일어날 것입니다.

전도를 위하여 먼저 나 자신부터 회개해야 합니다. 개인으로 시작하여 가정, 그리고 직장, 사회가 회개운동이 일어날 때 부흥은 옵니다.

자! 지금 시작하십시오. 전도는 교회에서 영적 온도계와 같습니다. 전도가 없는 교육은 바리새인을 만들어 냅니다. 전도하는 제자가 되십시오.

전도는 수영하는 것과 같습니다. 만약 여러분이 수영복에 물을 묻히기를 싫어한다면 수영을 배울 수 없을 것입니다. 전도는 수영할 줄 모르는 사람이 물에 들어가 경험하고 배우는 것

처럼 전도의 현장에 뛰어들어 갈 때만이 할 수 있습니다. 이것
은 우리의 힘으로만 되는 것이 아닙니다. 성령이 함께 하실 때
할 수 있는 것입니다.

　사랑하는 성도 여러분!

　전도는 여러분을 성숙하게 할 뿐만 아니라 여러분을 부흥하
게 하는 것을 믿으시기를 축원합니다.

17. 부흥은 흑암에서 빛으로 인도하는 것이다

이사야 59장의 내용을 살펴보면 거기에는 죄로 가득한 거짓, 부정, 부패, 폭력, 살인 등 하나님을 부정하는 어두운 생활 상태에 빠져있는 것을 알 수 있습니다. 이렇게 흑암 속 생활은 아무 것도 할 수 없습니다. 거기에는 항상 절망과 부패 그리고 죽음뿐입니다.

> *"그러므로 공평이 우리에게서 멀고 의가 우리에게 미치지 못한즉 우리가 빛을 바라나 어두움뿐이요 밝은 것을 바라나 캄캄한 가운데 행하므로 우리가 소경같이 담을 더듬으며 눈없는 자 같이 두루 더듬으며 낮에는 황혼때 같이 넘어지니 우리는 강장한 자 중에서도 죽은 자 같은지라."(사 59:9-10).*

이러한 생활이 갑자기 "흑암에서 빛으로" 이동하여 하나님의 영광을 맞이하게 됩니다. 이것은 어둠에서 방향을 잃은 사람이 새벽을 맞을 때의 기쁨이며 길잃은 어린이가 어머니를 만나는 기쁨입니다. 좀더 말하면 59장이 영적으로 흑암의 긴 터널을

통과하는 과정이라면 60장은 아침을 맞는 것과 같습니다. 59장
은 밤이고 60장은 아침입니다.

이것이 부흥입니다. 이사야 60장에 "Doxa"라는 히브리어 "영
광"은 명사와 동사 모두 합해 8번(1, 2, 7, 9, 13, 13, 19, 21)을
기록하고 있습니다. 이 영광이라는 단어를 통하여 하나님은 자
신을 드러내고 있습니다. 이 영광은 그분의 힘을 나타내고, 거
룩을 나타내고, 심판을 나타내고 있습니다.

1. 하나님의 영광은 부흥을 가져옵니다.

우리는 하나님의 영광 앞에 이르기 전에 그분의 이적들을 먼
저 경험하게 됩니다. 구약 출애굽 때 나타난 홍해 사건, 만나와
메추라기 사건, 불 타오르는 시내산 사건 등 이 모든 것이 하
나님이 자신의 능력과 영광을 나타내기 위해 백성 앞에 행한
이적이었습니다.

이스라엘이 어둠으로 가득했을 때 세상의 한 빛이 나타났는
데 바로 그리스도 예수입니다. 하나님은 타락한 도시를, 무너진
도시를 그분의 거룩함으로, 그분의 능력으로 새롭게 하십니다.
하나님의 영광의 빛은 태양빛과는 비교도 할 수 없는 것입니
다. 태양은 산업을 발전시키는 에너지를 가져오게 하여 우리의
생활을 편리하게 만들어 준다면 하나님의 영광은 우리의 죄를
자복하게 하여 세상 의학으로 치료할 수 없는 우리의 영혼과
마음을 깨끗하게 만듭니다.

하나님은 그를 떠나 타락하여 무너졌던 이스라엘을 다시 회복(부흥, 부활)시키시고 있습니다. 예루살렘 성은 다시 회복되고 하나님의 백성은 다시 그의 성으로 돌아오도록 했습니다. 어떻게 이러한 일이 있을 수 있습니까? 그것은 하나님의 영광이 임하였기 때문입니다.

에스겔이 여호와의 영광을 보았습니다.

> *"그가 또 나를 데리고 북문을 통하여 전 앞에 이르시기로 내가 보니 여호와의 영광이 여호와의 전에 가득한지라 내가 얼굴을 땅에 대고 엎드린대"(겔 44:4).*

이사야 59장과 60장은 흑암과 빛을 연결시키는 다리(터널)입니다. 영적으로 어둠에 둘러싸여 있는 59장의 땅을 건너 60장의 땅을 밟는 사람은 여호와의 영광으로 새로운 삶을 시작하게 됩니다.

> *"우리가 소경같이 담을 더듬으며 눈없는 자 같이 두루 더듬으며 낮에는 황혼때 같이 넘어지니 우리는 강장한 자 중에서도 죽은 자 같은지라"(사 59:10).*

이러한 상황에 있는 59장의 사람들이 하나님의 영광을 보는 60장에 들어왔습니다. 지금 우리의 고되고 힘든 이 어두운 장소에서 이동하여 이사야에게 보여준 60장의 빛을 봅시다.

한 마디로 말한다면 영적인 자유의 땅을 밟는 참 크리스천이 되는 순간이 이 터널을 빠져나오는 것입니다. 자유를 찾은 것입니다. 바울도 이 다리를 건넜습니다. 이 터널을 빠져 나왔습니다.

로마서 7장에서 죄와 죽음으로 고민하며 괴로워하던 바울이 로마서 8장에 오자마자 "그리스도 예수 안에 있는 생명의 성령의 법이 죄와 사망의 법에서 너를 해방하였음이라"(롬 8:2)고 했습니다. 바울은 7장에서 8장으로 다리를 건너오자 생명과 평안을 누리는 그리스도 안의 해방인의 삶을 살았습니다.

여러분의 삶이 이 다리를 건너 과거의 고난과 상처를 치료받고 삶이 회복되시기를 바랍니다.

2. 하나님의 영광은 흑암에서 빛으로 나오게 합니다.

59장 20절에서 하나님은 우리를 구원할 사람 즉 예수 그리스도가 오신다고 약속했습니다.

> *"여호와께서 가라사대 구속자가 시온에 임하며 야곱 중에 죄과를 떠나는 자에게 임하리라"(사 59:20).*

하나님은 흑암에 싸여있는 도시에 오신다고 했습니다. 지금 우리의 생활이 흑암이라고 생각됩니까? 걱정하지 마세요. 하나님은 이제 찾아오십니다. 우리 교회에 오실 줄 믿습니다. 아니 여러분의 가정에 오실 줄 믿습니다.

이러한 영광을 얻을 수 있는 것은 자동적으로 되는 것이 아닙니다. 우리가 수고해야 할 일이 있는데 그것은 바로 회개입니다. 이사야 59:20하반절에 "죄과를 떠나는 자에게" 주님은 임하신다고 했습니다.

회개는 죄를 지우는 지우개입니다. "만일 우리가 우리 죄를 자백하면 저는 미쁘시고 의로우사 우리 죄를 사하시며 모든 불의에서 우리를 깨끗게 하실 것이요"(요일 1:9)라고 했습니다.

이사야 59장 21절에 또 다른 약속 하나를 주셨습니다.

흑암을 벗어나는 길은 하나님의 영이신 성령과 하나님의 말
씀인 성경이 나에게 있어야 한다는 말입니다. 주의 말씀을 입
에서 떠나지 않게 하라는 말입니다.

가인과 아벨 때부터 오늘날까지 핍박과 박해, 미움, 시기, 질
투, 전쟁은 멈추지 않고 있습니다. 어둠의 구름은 사라지지 않
고 있다는 말입니다.

예루살렘에 시므온이라는 의롭고 경건한 사람이 있었습니다.
그는 세상을 구원할 빛을 보지 않고는 죽지 않는다고 했습니
다. 그는 세상의 빛이신 아기 예수를 보았습니다. 그는 아기
예수를 안고 이렇게 찬송했습니다.

"주재여(Lord) 이제는 말씀하신 대로 종을 평안히 놓아 주시
는도다 내 눈이 주의 구원을 보았사오니 이는 만민 앞에 예비하
신 것이요. 이방을 비추는 빛이요 주의 백성 이스라엘의 경광이
니이다"(눅 2:29-32).

여러분들은 많은 경험을 했을 것입니다. 때때로 생활 가운데
인생의 어두운 밤을 걷기도 하고 인생의 밝은 아침을 맞이하기
도 하고, 슬픔이 가득한 비오는 날을 경험했을 것입니다. 이제
하나님은 우리에게 말씀하십니다.

"잠자는 자여 깨어서 죽은 자들 가운데서 일어나라 그리스도
께서 네게 비취시리라"(엡 5:14).

여러분 일어나십시오. 그리스도께서 "일어나라"고 하시는 음
성을 듣고 일어나십시오. 마가복음 5:41에 회당장의 12살된 딸

이 죽었을때 예수님이 찾아오셔서 아람어로 "달리다굼" 하셨습니다. 이 뜻은 "소녀야 내가 네게 말하노니 일어나라"입니다. 여러분 어둠에 있던 12살 소녀처럼 주님의 손을 잡고 일어 나십시오.

> "참빛 곧 세상에 와서 각 사람에게 비취는 빛이 있었나니"(요 1:9).

> "말씀이 육신이 되어 우리 가운데 거하시매 우리가 그 영광을 보니 아버지의 독생자의 영광이요 은혜와 진리가 충만하더라" (요 1:14).

예수님은 친히 세상에 오셔서 빛을 주었습니다. 부흥은 흑암에서 빛으로 이동하는 것입니다.

3. 하나님의 영광은 주님을 믿는 자에게 옵니다.

주님을 믿는 자에게 부흥이 온다는 말입니다. 하나님의 영광은 흑암에 있는 사람이 주님을 만나게 될 때 볼 수 있습니다. 이 영광은 우리들에게 찾아옵니다.

> "허다한 약대 미디안과 에바의 젊은 약대가 네 가운데 편만할 것이며 스바의 사람들은 다 금과 유향을 가지고 와서 여호와의 찬송을 전파할 것이며"(사 60:6).

이사야가 본 환상은 시온이 태양처럼 떠오르고 하나님의 영광이 그 도시 즉 시온에 가득하고 모든 민족이 자석이 철가루를 끌어 모으듯 하나님의 영광 앞에 나아 온다고 했습니다. 과거에 흩어져 있던 가족, 민족, 나라가 하나로 모아질 것입니다.

여러분! 우리의 영적, 육적 암흑 시대는 지나갔습니다. 믿으시기 바랍니다. 우리가 믿음으로 자석의 힘을 발휘할 때 즉 하나님의 힘이 우리에게 공급될 때 부흥도 우리에게 찾아옵니다. 흩어진 사람들이 다시 돌아오는 역사가 있습니다.

우리 나라가 흑암으로 뒤덮여 보리고개라는 배고픔으로 고난에 있을 때 서양 선교사들이 예수님의 이름을 가져와 병원과 학교를 세우면서부터 한국이 흑암으로부터 벗어나기 시작했습니다. 지금 북한을 보십시오. 흑암의 권세로 뒤덮여 있습니다. 언젠가 저 흑암이 부흥의 빛으로 나아오리라 믿습니다.

한국의 IMF의 검은 구름도 머지않아 사라질 것입니다. 그것은 하나님이 할 수 있습니다. 하나님의 영광의 광채가 비쳐질 때, 회개가 터져나와 너도 나도 무릎 꿇고 죄를 고백할 때 먹구름이 사라집니다.

하나님 아버지의 영광을 가진 사람은 하나님 같은 빛을 발합니다. 영광은 눈으로 볼 수 없는 빛을 발합니다. 거울로 그분의 빛을 받아 사람들에게 비치게 됩니다.

"나는 세상의 빛이니 나를 따르는 자는 어두움에 다니지 아니하고 생명의 빛을 얻으리라"(요 8:12).

따라서 그리스도인들은 그들의 얼굴에 그리스도의 영광의 광채가 나타나야 합니다.

"너희가 그리스도의 이름으로 욕을 받으면 복 있는 자로다 영광의 영 곧 하나님의 영이 너희 위에 계심이라"(벧전 4:14).

이사야 59장을 다시 생각해 보시기 바랍니다.

여러분 지금 우리는 어디에 있습니까? 흑암에 있습니까? 근심과 걱정으로 고민합니까? 질병으로 괴로워 합니까? 그렇다면 이사야 59장에 지금 서 있는 것입니다. 이 상황은 고난과 시련, 무질서와 무기력, 근심과 걱정, 어두움 뿐입니다.

지금 건넙시다. 이동합시다. 믿음을 가지고 하나님의 영광을 바라봅시다. 새 땅은 희망에 찬 아침을 맞습니다. 부흥이 일어납니다. 기쁨과 사랑이 넘칩니다.

여러분 크리스천의 마지막 소망이 무엇입니까? 하나님의 영광을 보는 일입니다. 비전을 보는 것입니다.

밧모섬에서 고난 가운데 있던 사도 요한이 하나님의 영광을 보았습니다. 하늘로부터 내려오는 거룩한 성 예루살렘(계 21:10)을 보았습니다. 포로생활 가운데 있었던 에스겔도 하나님의 거룩한 성읍(겔 40:2)을 보았습니다.

이사야 60:14에 이사야가 예언한 장면을 보십시오.

> "너를 괴롭게 하던 자의 자손이 몸을 굽혀 네게 나아오며 너를 멸시하던 모든 자가 네 발 아래 엎드리어 너를 일컬어 여호와의 성읍이라, 이스라엘의 거룩한 자의 시온이라 하리라."

이사야 59:20에 보면 구속자가 시온에 임한다고 했습니다.

하나님을 기쁘시게 하는 일은 "주린 자에게 네 식물을 나눠 주며 유리하는 빈민을 네 집에 들이며 벗은 자를 보면 입히며 또 네 골육을 피하여 스스로 숨지 아니하는 것이 아니겠느냐?"(사 58:7)고 했습니다. 이러한 분위기에 있으면 우리는 이미 다리를 건넜습니다. 이제 부흥이 우리에게 온 것입니다. 흑암에서 빛으로 나온 사람은 주린 자, 유리하는 자, 가난한 자,

벗은 자, 어려움 당한 가족 등을 외면하지 않는 사람입니다.

따라서 하나님 영광의 빛은 그 분의 사랑으로 우리에게 나타나 형제와 자매, 그리고 내 이웃을 내 몸처럼 사랑하게 만듭니다.

우리의 어두운 생활에 하나님의 은혜의 영광이 찾아와 말로 표현할 수 없는 기쁨과 사랑이 넘쳐나기를 축원합니다. 부흥의 역사가 교회와 여러분의 가정에 계속 일어나기를 축원합니다.

18. 부흥의 씨앗을 뿌리라

　이사야 61:1-11을 역사적인 관점에서 본다면 매우 중요한 시기입니다. 이것은 이스라엘 나라가 회복되는 시기이기 때문입니다. 이스라엘 나라가 바벨론 느부갓네살 왕에게 무너졌을 때 많은 이스라엘 백성들이 포로로 끌려갔고, 일부는 산간지방으로 흩어졌습니다. 어떤 역사가는 중국에까지 도망했다고 했습니다. 이스라엘 백성들은 모두가 분산되었습니다. 이것을 우리는 "디아스포라"라고 부릅니다.

　바벨론 포로생활에서 회복된다는 예언은 100년 전에 이사야 선지자를 통하여, 예레미야 선지자를 통하여 말했습니다. 특히 예레미야 33장에서는 "나 여호와가 말하노라"(1, 10, 12, 14, 17, 20, 25)를 일곱 번씩이나 하면서 포로에서 해방시키겠다고 약속했습니다. 그러면서 "너는 내게 부르짖으라 내가 네게 응답하겠고 네가 알지 못하는 크고 비밀한 일을 네게 보이리라"(렘 33:3)고 했습니다. 하나님의 사람들의 절규하는 부르짖음은 결국, 주전 539년에 페르시아의 고레스 왕이 바벨론을 공격하여 정복하게 했습니다. 그리고 고레스 왕은 칙령을 내려 유대인들이 고향으로 돌아가 예루살렘 성전을 재건하도록 허락했습니다. 이것은 바벨론 70년 포로생활이 끝나고 이스라엘 민족에게 부흥이 온 것입니다.

이사야 61:1-11의 또 다른 장면은 하나님의 아들 예수 그리스도가 공생애를 시작하는 모습입니다. 누가복음 4:17-21은 예수님께서 이땅에서 처음으로 설교한 부분인데 이사야가 예언한 말씀을 예수님께서 인용하셨습니다. 이 말씀이 바로 예수님 자신과 관련있다는 것을 말했습니다.

예수님의 설교의 요점은 이방인들이 하나님의 은혜를 얻게 된다는 것이었습니다. 이 설교를 듣고 있던 사람들은 매우 화가 났습니다. "이가 누구냐? 목수 요셉의 아들이 아니냐"고 빈정대었습니다. 예수님 자신이 왜 이땅에 오셨는지를 설명하고 있지만 아무도 그의 말을 믿어 주는 사람이 없었습니다.

부흥의 복음은 우리 가운데 왔습니다. 받는 사람은 복을 받을 것이요 거역하는 사람은 심판을 받게 될 것입니다. 사도 요한은 "이 예언의 말씀을 읽는 자와 듣는 자들과 그 가운데 기록한 것을 지키는 자들이 복이 있나니 때가 가까움이라"(계 1:3)고 했습니다.

1. 부흥의 복음은 가난한 사람에게 온 것입니다.

"주의 성령이 내게 임하셨으니 이는 가난한 자에게 복음을 전하게 하시려고 내게 기름을 부으시고 나를 보내사 포로된 자에게 자유를 눈먼 자에게 다시 보게 함을 전파하며 눌린 자를 자유케 하고 주의 은혜의 해를 전파하게 하려 하심이라"(눅 4:18-19).

예수님은 이 땅에 오신 목적을 분명히 했습니다. 그는 부흥의 복음을 전파하기 위해서 오셨습니다. 황폐한 곳을 회복 시키기 위하여 오셨습니다. 여러분 가난한 자에게 복음이 왔습니다. 가난한 과부에게 복이 왔습니다. 눈먼 자, 병든 자가 치료되었습니다. 소경된 자가 눈을 뜨게 되었습니다. 눌리고 포로된 자에게 자유가 왔습니다. 귀신에 억눌린 자가 해방되었습니다. 슬픈 자에게 위로를 주었습니다.

여러분, 우리는 주님이 죽은 나사로의 가정에 찾아가 위로하며 다시 나사로를 살려주신 것을 압니다. 마리아가 부모를 잃고 오빠를 잃고 의지할 곳 없어서 우는 모습을 보고 주님은 함께 눈물을 흘리셨습니다.

그 분은 또 황폐한 곳을 회복(사 61:4)시키러 왔습니다. 식물이 자라지 못하는 땅을 고치듯이 태가 막힌 여인의 태를 열어 주셨습니다. 비통함에 있는 사람에게는 하나님의 사랑보다 더한 것이 없습니다. 하나님의 사랑 안에서만이 휴식과 안식을 얻을 수 있습니다.

아브라함이 85세 때 사라의 계집종 하갈에게서 아들 "이스마엘"을 얻었습니다. 그리고 아브라함은 좋아했습니다. 그 후 15년 후에 다시 하나님은 사라에게 아들 "이삭"을 허락했습니다. 이 때 아브라함의 나이는 100세였습니다. 사라 또한 늙어 태의 줄이 끊어진 것으로 알았는데 하나님의 약속대로 이삭을 선물로 받았습니다. 아브라함과 사라는 너무 기뻐서 큰 잔치를 베풀었습니다. 왜냐하면 이것은 경사 중에 경사이기 때문이었습니다. 100세에 얻은 아들이었기 때문입니다.

그런데 15살 먹은 계집종 하갈의 아들 이스마엘이 사라의 귀한 아들 이삭을 희롱하는 것을 사라가 보았습니다. 그 때 사라는 매우 화가 나서 남편 아브라함에게 계집종과 이스마엘을 내

어쫓으라고 했습니다. 아브라함은 근심에 잠겼습니다. 왜냐하면 하갈이 낳은 이스마엘도 자신의 아들이었기 때문입니다. 아브라함의 개인적인 생각으로는 그들을 쫓아내고 싶지 않았습니다. 그러나 하나님께서도 쫓아내라고 했기 때문에 할 수 없이 아브라함은 아침 일찍 일어나 떡과 물 한 가죽부대를 그들에게 건네주며 집을 떠나가라고 했습니다.

아브라함의 집으로부터 쫓겨난 이스마엘과 하갈은 브엘세바 들에서 떡과 물이 떨어져 방황하게 되었습니다. 이제는 죽음만이 그들을 기다리고 있었습니다. 주위에 사람은 보이지 않고 까마귀떼들만 날아다니고 있었습니다.

아브라함을 원망하던 두 사람은 하나님을 향하여 울기 시작했습니다. 떨기 나무 아래서 모자간에 손을 잡고 대성통곡하며 마지막 절규를 하듯이 울었습니다. 이 때 한 천사가 이스마엘의 울음 소리를 듣고 찾아와서 걱정하지 말라고 위로하면서 이스마엘이 앞으로 "큰 민족을 이루게 하리라"고 약속하고 그들을 샘이 있는 곳으로 인도하여 주었습니다. 이처럼 하나님의 사랑은 버림받은 사람의 절규에 사랑과 안식을 주시고 있습니다.

D.L.무디가 시민전쟁 때 전쟁터를 걸어가고 있었습니다. 그 때 총에 맞아 죽어가는 젊은 병사가 무디 목사님을 불렀습니다. "목사님 살려주세요! 기도해 주세요!" 무디 목사님은 그에게 가까이 가서 무릎을 꿇고 기도하면서 하나님의 약속의 말씀을 읽어 주었습니다. 하지만 위로가 되지를 않았습니다. 무디 목사님은 요한복음 3장을 읽었습니다. 그 때 죽어가는 병사는 무디 목사님을 바라보았습니다. 그리고 말씀을 받아들였습니다. 무디 목사님이 하나님의 사랑에 관하여 성경을 읽어나갈 때 숨을 거두는 병사는 "반복해 주세요"라고 했습니다.

무디는 "하나님이 세상을 이처럼 사랑하사 독생자를 주셨으니 이는 저를 믿는 자마다 멸망치 않고 영생을 얻게 하려 하심이라"(요 3:16)를 계속 읽었습니다. 결국 젊은 병사는 평화로운 죽음을 맞이했습니다. 그 날 밤 하나님의 사랑은 죽어가는 병사에게 전해졌습니다.

사랑의 예수님이 여러분의 가정을 방문해서 여러분에게 5가지 선물을 주었습니다. 복음의 소식, 치료, 자유, 위로, 회복을 주셨습니다. 이 놀라운 부흥의 복음을 받아들이시기를 바랍니다. 이것은 여러분을 살리는 하나님의 말씀입니다.

2. 부흥의 복음은 희년의 의미를 가집니다.

희년(레위기 25:8-55)이란 안식년 7년이 일곱 번(7×7) 지나 49년 되는 해에 쉬고 다시 50년째 연이어서 쉬게 되는 것을 말합니다. 이 희년(요벨-히브리어)은 "요벨의 해" 인데 수양의 뿔로 나팔을 만들어 불어서 희년을 알리는 것으로부터 유래했습니다. 희년에는 축제가 열립니다. 종들이 해방되고, 채무자의 빚이 탕감되고, 기업을 주인에게 돌려주게 됩니다. 이러한 자유와 회복의 해를 이사야는 "은혜의 해"라고 말했습니다. 바울은 "지금이 은혜 받을 때요 구원의 날이다"(고후 6:2)고 했습니다.

죄수가 감옥에서 배고픔으로, 추위로, 무서움으로 여러 해를 보냈습니다. 어느 날 그에게 자유가 선포되어 철창문이 열리고, 그가 빛으로 걸어 나올 때에 그는 어느 누구보다도 기쁨이 넘칠 것입니다. 희년이란 의미가 바로 이런 것입니다. 속박에서 해방되는 것을 말합니다. 부흥이 일어난 것을 말한 것입니다.

오늘 우리는 그리스도로 말미암아 죄에서 해방되었습니다. 인간은 죄의 속박에 있습니다. 그리스도 없이는 우리에게 자유가 없습니다. 우리는 예수로 말미암아 죄에서 해방된 줄 믿습니다. 부흥은 예수님을 여러분의 마음에 모셔들일 때 일어납니다. 여러분이 모든 무거운 것에서부터 해방되시기를 축원합니다.

크리스마스 즉 예수 탄생일은 예수님이 이 땅에 오신 목적을 생각하며 보내야 합니다. 열심히 장사하는 것도 좋습니다. 하지만 분명한 사실은 왜 그분이 베들레헴 말구유에 왔는지 알아야 합니다. 우리를 죄에서 해방시키려고 왔습니다. 우리의 영혼과 육신을 구원하고, 부흥시키려고 왔습니다.

3. 부흥의 복음은 모두에게 복을 가져옵니다

나는 얼마 전에 <나무들은 생명이 있다>는 책을 보고 큰 감명을 받았습니다.

진정으로 나무들은 우리의 생명을 연장시켜 주고 있습니다. 나무들은 태양과 바람과 비로부터 짐승과 사람을 위하여 피난처가 되고 음식물을 공급하고 있습니다. 나무들은 공기를 정화하여 우리에게 산소를 공급하여 줍니다. 또한 집을 만드는 재료로 없어서는 안되는 것입니다. 나무는 동물, 곤충, 새들의 놀이터가 되고 땅을 떠받쳐 홍수를 방지합니다. 어떤 나무의 성분은 의약품으로도 사용합니다. 또 건축, 가구, 종이, 난방, 음식요리를 위하여 사용합니다. 하여간 나무들은 많은 것들을 제공하고 있습니다. 나무들의 뿌리는 땅을 붙들고 있습니다. 이처럼 나무는 다양한 역할을 하고 있습니다.

나무는 우리의 모든 환경에 필요합니다. 나무는 살아서도 죽어서도 사용되고 있습니다. 하나님이 성령의 임재를 통하여 주어지는 복음이 바로 이 나무들과 같습니다. 복음이 떨어지는 곳에 부흥이 옵니다. 가난한 자에게, 병든 자에게, 절망한 자에게, 죽은 자에게 복음이 가는 곳, 예수 그리스도의 이름이 불려지는 곳은 역사가 나타납니다. 부흥이 일어납니다. 이것이 우리에게 오는 복입니다.

부흥의 시작은 오순절 성령강림이 일어날 때부터 입니다. 1821년 찰스 피니는 자기에게 성령의 임재가 있었던 것을 간증했습니다.

"얼마 간 성령님은 나에게 내려오셨습니다. 그 분은 나의 영혼과 육신을 스치고 갔습니다. 그 분이 나를 스치고 갈 때 전류가 흐르는 느낌을 강하게 받았습니다. 나는 그 분에게서 넘치는 사랑의 물결을 느꼈습니다. 왜냐하면 어디에서도 그런 사랑의 느낌을 받아 보지 못했기 때문입니다. 나는 하나님의 숨소리를 들었고 거대한 선풍기가 돌고 있는 것처럼 느꼈습니다. 나의 마음에 흐르는 그 분의 아름다운 사랑을 표현할 말이 없습니다. 이러한 사랑의 물결이 나에게 왔습니다. 그것도 반복해서 말입니다. 이 물결이 계속 이루어진다면 나는 죽을 것 같았습니다. 그래서 나는 주님 그만하십시오 라고 했습니다. 이것은 두려움이 아니었습니다. 너무나 벅찬 사랑의 감격이었습니다."

오후에 성가대원 한 사람이 찰스 피니 사무실에 왔습니다. 그가 찰스를 보자 찰스는 큰 소리로 울었습니다. 그 사람은 찰스에게 무슨 일이냐고 물었습니다. 어디가 아프냐고 물었습니다. 찰스는 예를 갖추고 말하기를 나는 행복해서 죽겠다고 했습니다. 빌리 그레이엄은 말하기를 19세기에 성령충만한 찰스는 수천만명을 예수님께로 돌아오게 한 사람이고 미국에 부흥을 가져오게 가장 위대한 사람이라고 했습니다.

부흥의 복음의 씨가 내적으로는 여러분의 마음에, 외적으로는 여러분의 일터에 떨어져 싹이 나오기를 축원합니다.

19. 기도로 부흥의 불을 붙이라

여러분 영국에서는 매일 같이 어떠한 일이 일어나고 있는지 아십니까?

1997년도 통계에 의하면 매일 같이 20명의 여학생이 임신을 하는데 그 중에 13살 넘지 않은 학생이 2명 있습니다. 470명의 태아가 낙태 수술로 죽어갑니다. 17명의 여자들이 강간을 당합니다. 비디오를 사고 빌리는데 65%가 주술, 섹스, 폭력물이라고 합니다. 520쌍이 이혼을 합니다. 75명의 어린이가 어린이 보호소에 들어갑니다. 90명의 어린이가 지역 어린이 보호센타에서 보호를 받습니다. 280명의 어린이가 가출을 합니다. 150명이 법정에서 마약 복용으로 판결을 받습니다.

> *"예루살렘이여 내가 너의 성벽 위에 파수꾼을 세우고 그들로 종일 종야에 잠잠치 않게 하였느니라 너희 여호와로 기억하시게 하는 자들아 (현대인성경-여호와를 부르는 자들아) 너희는 쉬지 말며 또 여호와께서 예루살렘을 세워 세상에서 찬송을 받게 하시기까지 그로 쉬지 못하시게 하라"(사 62:6-7).*

1. 부흥은 쉬지 않는 기도가 필요합니다

파수꾼(목사님, 장로님, 권사님, 집사님)은 잠시라도 쉬어서는 안됩니다. 신약에서 부흥의 터전을 만들어 준 표어가 바로 "쉬지 말고 기도하라"(살전 5:17) 입니다. 예수님은 기도만이 귀신을 쫓아낼 수 있다고 했습니다. 기도만이 죽은 자를 살릴 수 있다고 했습니다. 기도만이 하나님의 마음을 움직일 수 있습니다.

로마서에서 바울은 "항상 내 기도에 쉬지 않고 너희를 말하며 어떠하든지 이제 하나님의 뜻 안에서 너희에게로 나아갈 좋은 길 얻기를 구하노라"(롬 1:9하-10)고 말했습니다. 부흥의 강물이 흘러가게 만드는 비결은 쉬지 않는 기도입니다.

한국의 교회들이 성장한 것은 1907년 평양에서 선교사들의 쉬지 않는 기도가 있었기 때문입니다. 그것이 성령의 역사를 일으켰습니다.

성령의 물결은 한국 땅 곳곳에 흘러내렸습니다. 모일 때마다 쉬지 않고 부르짖은 결과 성령충만을 가져왔습니다. "그들로 종일 종야에 잠잠치 않게 하였느니라"(사 62:6)고 했습니다. 아마 "주여 3창" 기도는 한국에서만 가능하고 한국 교회에서만 할 수 있을 것입니다. 아마도 이 부르짖음이 한국 민족을 더 크게 더 위대하게 만들었는지도 모릅니다.

오산리 금식 기도원은 현재 10,000명이 앉을 수 있는 공간을 가지고 있고, 매일 3000명씩 금식하며 하나님을 찬양하고 예배하고 있습니다. 이러한 기도로 말미암아 병자가 고침받고, 우리가 이해할 수 없는 기적이 나타나고 있는 것입니다.

여러분 부흥은 기도로만 불러올 수 있습니다. 우리 교회와 가정 그리고 여러분의 일터에 진정한 부흥을 원한다면 헌신의 기도를 드리시기 바랍니다. 쉬지 않는 기도, 이것은 자기 자신을 온전히 헌신하게 만들고 부흥을 맞이하게 합니다.

2. 부흥은 규칙적인 기도가 필요합니다

주님을 부르는 사람은 쉬지 말고 기도해야 합니다. 한 마디로 말해서 규칙적으로 기도하라는 말입니다. 이것은 쉬운 일이 아닙니다.

> *"너는 기도할 때에 네 골방에 들어가 문을 닫고 은밀한 중에 계신 네 아버지께 기도하라. 은밀한 중에 보시는 네 아버지께서 갚으시리라"(마 6:6).*

쟌 아놋트(John Arnott) 목사는 하나님과 함께 골방에서 기도할 때가 가장 아름다운 시간이라고 말했습니다. 그 때는 비밀스러운 기도와 열린 마음으로 주님의 응답을 받는 시간이라고 했습니다.

부흥을 가져오는 또 하나의 방법은 함께 모여 기도할 때입니다. 우리 모두가 함께 기도할 때 오순절 마가 다락방처럼 성령이 임하여 온 무리가 새 방언을 말하며 병자가 고침받고, 사람들이 새 힘을 얻어 복음을 증거합니다(행 2장).

스펄전 목사님은 성령님의 사역을 이렇게 설명하고 있습니다.

"때때로 성령님은 바람같은 성령의 호흡을 하고 있습니다. 성령의 바람은 계곡에서도 일어나고 사악한 사람들의 마음에 들어가 그들을 변화시켜 생명을 불어넣기도 합니다. 사람들은 살아있다고 하지만 생명이 거반 다 죽어가는 것을 볼 수 있습니다. 성령님은 죽어가는 우리의 생명을 부흥시키십니다. 새 힘을 공급하여 주십니다. 소생을 위하여 기도의 호흡을 시작할 때에 성령님의 역사가 강하게 일어납니다. 기도만이 부흥을 맞이할 수 있습니다."

잠자는 교회와 가정, 그리고 일터의 부흥을 위하여는 다음 세 가지를 없애야 합니다. 첫째는 간절한 열망이 없는 것이요, 둘째 무릎 꿇지 않는 것입니다. 그리고 셋째는 타협적인 순종입니다. 진정으로 부흥을 원한다면 100%의 부흥의 열망이 있어야 합니다. 내 생활 중 100%의 기도가 있어야 합니다. 100%의 절대적 순종이 있어야 합니다.

3. 부흥은 긴급한 기도가 필요합니다

"또 여호와께서 예루살렘을 세워 세상에서 찬송을 받게 하시기까지 그로 쉬지 못하시게 하라"(사 62:7).

이것은 주님께서 내린 "비상령"이라는 것을 알 수 있습니다. 누가복음 18장의 한 과부의 기도가 생각납니다. 주님은 "항상 기도하고 낙망치 말라"고 했습니다.

한 도시에 하나님을 두려워 하지 않고 사람을 무시하는 재판관이 있었습니다. 이 도시에 과부가 있었는데 자주 그에게 가서 자기의 억울한 사정을 말하고 원한을 풀어 달라고 했습니다. 이 재판관은 자주 찾아오는 과부가 자기를 번거롭게 하여 귀찮아서 그의 원한을 풀어 주었습니다.

"하물며 하나님께서 그 밤낮 부르짖는 택하신 자들의 원한을 풀어 주지 아니하겠느냐? 내가 너희에게 이르노니 속히 그 원한을 풀어 주시리라"(눅 18:7-8).

과부의 고집스러운 기도는 우리에게 부흥을 불러오는 좋은 모델이 되고 있습니다. 현재 우리의 상태를 정직하게 고발하고 있습니다. 우리에게 도전을 주고 있는 말씀입니다. 부흥을 위한 기도가 부족하다면 우리는 더 열정적으로 주님께 매달려 기도해야 합니다. 먹고 사는 문제에만 너 나 할 것 없이 기를 쓰고 매달리고 있는데 그것보다 더 시급한 것이 기도입니다.

이것은 우리 모두가 인정하는 바입니다. 그러나 하나님께 매달리는 기도는 어떠합니까? 목사를 비난하지 마십시오. 나는 선지자의 자격으로 충고합니다. 듣는 자는 복이 될 것이요 듣지 않는 자는 화가 미칠 것입니다. 이제부터 그동안 세상 일에 온 힘을 쏟은 것처럼 하나님 일에도 그렇게 하십시으. 부흥을 맞이하기 위해 열정적인 기도를 드리시기를 바랍니다.

부흥을 볼 수 있는 것은 긴급한 기도, 고집스러운 과부의 기도에서입니다.

4. 부흥은 인내의 기도가 필요합니다

"여호와께서 예루살렘을 세워 세상에서 찬송을 받게 하시기까지 그로 쉬지 못하시게 하라"(사 62:7).

파수꾼은 "온 세계가 찬양 소리로 가득할 때까지 잠자지 말고 경계해야 한다"는 말입니다. 쉽게 말하면 온 땅에 평화가 넘칠 때까지 기도하라는 말입니다. 왜냐하면 기도만이 평화를 가져 올 수 있기 때문입니다.

켐벨 목사님은 한 섬에 설교를 하기 위해 갔습니다. 그 교회의 사람들은 밤 9시에 모여서 기도한 것이 새벽 4시까지 하게 되었습니다. 그때 건장한 남자들이 하나님 앞에서 떨면서 쓰러졌습니다. 그리고 모든 사람이 바닥에 엎드리지 않으면 안될 상황이 되었습니다. 켐벨 목사님의 설교 소리는 들리지 아니하고 성도들이 하나님께 긍휼히 여겨 달라는 울음의 소리로 성전 안에 가득찼습니다.

찬송의 소리도 바뀌어서 죄를 고백하는 비명의 소리 즉 회개의 울음소리가 교회 안에 가득했습니다. 왜 그렇습니까? 하나님이 교회에 찾아오셨기 때문입니다. 모두의 고백은 "하나님이 죄인을 용서해 주십시오" 였습니다.

이사야 6장에 이사야가 부름받을 때 그는 하나님을 보았습니다. 그때 그의 고백이 "나는 망하게 되었다"고 했습니다. 이 때 많은 사람들이 하나님의 거룩함을 경험했습니다. 그들은 그분에게 모든 것을 위임하고 기도했습니다. 이와 같은 기도의 바람은 섬 전체를 휩쓸었습니다.

그 기간에 한 사업가가 이 섬에 머물렀는데 이렇게 고백했습니다. "내가 해변을 거닐 때에 나는 갑자기 하나님의 임재를 의식했고, 그분은 나를 만나 주었고, 그때 나는 구원받았습니다."

지금 우리 교회의 도전은 기도입니다. 이사야 64:1-2에 나타난 기도입니다.

> "원컨대 주는 하늘을 가르고 강림하시고 주의 앞에서 산들로 진동하기를 불이 섶을 사르며 불이 물을 끓음같게 하사 주의 대적으로 주의 이름을 알게 하시며 열방으로 주의 앞에서 떨게 하옵소서."

사람들 가운데에 성령님이 임재하셔서 하나님이 살아계심을 우리로 알게 하여 달라는 기도입니다. 즉각적인 결과를 보지 못한 사람들이 낙담하며 기도를 쉽게 포기할 수 있습니다. 그러나 본문은 인내하며 기도하라고 말하고 있습니다.

하나 더 계속해서 말씀드리겠습니다. 여러분, 다니엘의 3/7일 기도를 잊지 마시기 바랍니다. 다니엘 10장에 다니엘이 21일 금식 기도를 드렸습니다.

그는 떡을 금하고, 고기와 포도주를 금하고, 화장을 하지 않았습니다. 그는 이와 같은 21일 금식 기도로 매우 지쳐 있었습니다. 기도가 끝나가던 마지막 날 한 천사가 와서 지쳐 잠들어 있는 다니엘을 깨우면서 "다니엘아 두려워하지 말라 하나님이 …첫날부터 너의 간구하는 것을 들었노라. 그런데 바사국군이 21일 동안 나를 포위해서 오지 못했는데 미가엘 천사가 나를 도와 줌으로 이제 오게 되었다"고 했습니다.

쉬지않는 기도, 규칙적인 기도, 긴급한 기도, 인내의 기도는 살아있는 기도입니다. 이것이 우리를 부흥하게 합니다. 줄기찬 기도는 여러분의 마음과 생각으로부터 놀라운 부흥을 가져옵니다.

빌리 그레이엄은 "부흥의 세 가지 열쇠는 기도, 기도, 그리고 기도이다"라고 했습니다.

20. 부흥의 절정은 천국이다

성경의 역사는 예수 그리스도로부터 시작됩니다. 역사라는 단어는 "History"인데 이것은 "His Story"라고 해서 예수님의 이야기라고 합니다. 이 역사의 클라이막스는 우리를 위하여 골고다 언덕에서 십자가에 피흘려 돌아가신 예수님의 희생입니다. 이 사랑의 희생이 부흥의 절정을 이루고 있습니다.

뉴비긴(Lesslie Newbigin)이라는 사람은 성경은 우주의 역사를 해석하여 준다고 했습니다. 우리의 성경은 창조로부터 종말까지 부흥의 전역사를 말하고 있습니다. 지금까지 우리는 이사야 선지자가 예언한 하나님의 위대하심, 그 분의 넓으신 구원 계획, 그 분의 사랑, 모두를 초청하시는 하나님의 말할 수 없는 사랑을 읽었습니다. 하나님의 초청은 지금 우리의 반응을 요구하고 있습니다.

하나님의 초청에 순종한 사람은 천국의 기쁨을 누리는 데 반하여(65장), 거절한 사람의 종말은 무서운 지옥이라는 것을(66

장) 보여주고 있습니다.

1. 부흥은 하나님께 반응하는 사람들에게 옵니다.

하나님은 모두가 반응하기를 원하고 계십니다. 하나님은 유대인들에게 사랑의 손을 뻗쳤습니다. "이스라엘을 대하여 가라사대 순종치 아니하고 거스려 말하는 백성에게 내가 종일 내 손을 벌렸노라"(롬 10:21)고 했습니다.

> *"나는 나를 구로치 아니하던 자에게 물음을 받았으며 나를 찾지 아니하던 자에게 찾아냄이 되었으며 내 이름을 부르지 아니하던 나라에게 내가 여기 있노라 내가 여기 있노라 하였노라"(사 65:1).*

하나님이 사랑하던 유대인보다도 이방인들이 반응을 보였습니다. 하나님은 아버지가 아들을 향하여 손을 내어뻗듯이 모든 백성에게 손을 내어밀었습니다.

신약에서 예수님의 초청을 보십시오. 예수님은 모든 사람을 초청하였습니다. "수고하고 무거운 짐진 자들아 다 내게로 오라"(마 11:28)고 했습니다. 이 초청에 응하면 쉼을 얻지만 하나님의 법을 어기는 자는 받아들이지 아니했습니다. 하나님은 그들에게 책임을 물으셨습니다.

하나님을 두려워하지 않는 이 사람들은 하나님을 위하여 "동산에서 제사하고 벽돌 위에서 분향"(사 65:3) 하였습니다. 이들을 향하여 하나님은 "내 앞에서 항상 내 노를 일으키는 백성이라"(사 65:3)고 했습니다.

"그들은 무덤 사이에 앉으며 은밀한 처소에서 지냈다"고 했습니다(사 65:4). 하나님이 얼마나 답답하셨겠습니까? 그들은 무덤 가운데 앉아서 죽음을 상담합니다. 하나님께서는 "너희는 신접한 자와 박수를 믿지 말며 그들을 추종하여 스스로 더럽히지 말라"(레 19:31; 신 18:10-12)고 했습니다.

또 그들은 "돼지고기를 먹으며 가증한 물건의 국을 그릇에 담으면서"(사 65:4) 하나님의 말씀에 불순종했습니다. 하나님께서 돼지고기를 먹지 말라고(레 11장; 신 14장) 했습니다. 하나님의 백성들을 성별하게 하기 위하여 부정한 동물과 음식은 먹지 말라고 했습니다. 왜냐하면 하나님이 거룩하기 때문입니다.

하지만 그들 스스로 부정을 행했습니다. 그들은 하나님의 명령을 거역했습니다. 그래서 "여호와께서 불과 칼로 모든 혈육에게 심판을 베푸신즉 여호와께 살육당한 자가 많으리니 스스로 거룩히 구별하며 스스로 정결케 하고 동산에 들어가서 그 가운데 있는 자를 따라 돼지 고기와 가증한 물건과 쥐를 먹는 자가 다 함께 망하리라 여호와의 말씀이니라"(사 66:16-17)고 했습니다. 사무엘은 "순종이 제사보다 낫고 듣는 것이 수양의 기름보다 나으니"(삼상 15:22)라고 했습니다.

이 백성이 얼마나 영적인 교만에 빠져있는지 모릅니다. 말하는 것좀 보십시오. "너는 네 자리에 섰고 내게 가까이 하지 말라 나는 너보다 거룩함이니라"(사 65:5)고 했습니다. 신약에서 꼭 바리새인들을 닮았습니다. 바리새인의 기도를 보십시오. "하나님이여 나는 다른 사람들 곧 토색, 불의, 간음을 하는 자들과 같지 아니하고 이 세리와도 같지 아니함을 감사하나이다"(눅 18:11) 할 때 예수님은 이 사람들에게 화를 선포했습니다(마 23:13-36).

하나님은 "이런 자들은 내 코에 연기요 종일 타는 불이로다(사 65:4)"라고 말했습니다. 하나님의 심판은 진실한 예배를 거역하는 자들에게 옵니다. 하나님의 뜻을 거역하는 자들에게는 부흥이 일어나지 않습니다. 하나님의 부흥은 그 분의 뜻을 따르는 자에게 일어납니다. 하나님께 반응하는 사람이 부흥의 선물을 받습니다.

2. 부흥은 하나님을 찾는 사람들에게 옵니다.

하나님을 찾는 백성은 부흥을 주겠다고 했습니다. 하지만 하나님을 버리고 하나님의 거룩하심을 잊고 행운과 운명의 신인 갓과 므니 신을 섬기는 자들은 칼날에 죽임을 당한다고 했습니다. 여기서 하나님은 이유를 분명하게 말하고 계십니다.

> *"이는 내가 불러도 너희가 대답지 아니하며 내가 말하여도 듣지 아니하고 나의 눈에 악을 행하였으며 나의 즐겨하지 아니하는 일을 택하였음이니라"(사 65:12).*

회당장 야이로는 12살된 딸이 있었습니다. 어느 날 그 딸이 병들어 죽게 되었습니다. 야이로는 딸의 생명을 살리기 위하여 믿음을 가지고 예수님을 찾아 갔습니다. 그 당시 야이로는 신분이 높은 사람이었습니다. 그러나 그는 신분을 무시하고 주님 앞에 무릎을 꿇고 간구했습니다. "당신이 죽어가는 나의 딸에게 손을 얹어 주시면 내 딸이 살겠나이다."

야이로의 마음에는 이미 믿음이 왔고 부흥이 왔습니다. 결국 예수님은 찾아 온 야이로를 그냥 돌려 보내지 않고 그의 간구를 들어 주었습니다. 예수님은 베드로 야고보 요한을 데리고 야이로의 딸에게 갔습니다. 그리고 기도했습니다. "일어나라!" 예수님께서 하신 한 마디는 야이로의 가정에 부흥을 일으켰습

니다. 이처럼 하나님을 찾는 사람들은 부흥을 맞습니다. 하나님
께 예배하는 사람들에게는 부흥이 일어납니다.

3. 부흥은 하나님을 섬기는 사람들에게 옵니다.

행동은 결과를 낳습니다. 하나님을 잘 섬기는 사람들은 먹고,
마시고, 기뻐하고, 노래를 한다고 했습니다. 반면에 하나님을
섬기지 않는 사람들은 주리고, 목마르고, 수치를 당하고, 통곡
한다고 했습니다. 여러분 눈을 들어 온 세계를 둘러 보십시오.
하나님 없는 공산주의 나라는 굶주려 있고 하나님을 섬기는 나
라들은 풍요를 누리는 것을 볼 수 있습니다. 이것은 우연한 일
이 아닙니다. 하나님이 말씀하신 대로 이루어진 것입니다.

예수님께서 마지막 때에 양과 염소를 분리하는 장면을(마
25:31-46) 생각하여 보십시오.

심판주로 오시는 주님이 모든 민족을 불러 모으고 각각 분별
하기를 양과 염소를 구별하는 것처럼 했습니다. 양은 오른쪽,
염소는 왼쪽으로 구별했습니다.

오른쪽에 있는 이들에게 임금이 말하기를 "복받을 자들이여
나아와 창세로부터 너희를 위하여 예비된 나라를 상속하라 내
가 주릴 때에 너희가 먹을 것을 주었고, 목마를 때에 마시게
하였고, 나그네 되었을 때에 영접하였고, 벗었을 때에 옷을 입
혔고, 병들었을 때에 돌아 보았고, 옥에 갇혔을 때에 와서 보았
느니라"고 했답니다. 의인들이 대답하기를 "우리는 전혀 그렇
게 하지 않았습니다"고 했습니다. 그 때 임금이 대답하기를
"너희가 여기 내 형제 중에 지극히 작은 자 하나에게 한 것이
곧 내게 한 것이니라"고 했습니다.

왼쪽에 있는 이들에게 임금이 말하기를 "저주를 받은 자들아 나를 떠나 마귀와 그 사자들을 위하여 예비된 영영한 불에 들어가라 내가 주릴 때에 너희가 먹을 것을 주지 아니하였고, 목마를 때에 마시게 하지 아니하였고, 나그네 되었을 때에 영접하지 아니하였고, 벗었을 때에 옷을 입히지 아니하였고, 병들었을 때와 옥에 갇혔을 때에 돌아보지 아니하였느니라"고 했습니다. 저희들이 대답하여 말하되 "주여 우리가 다 돌아 보았나이다". 임금이 말하되 "이 지극히 작은 자 하나에게 하지 아니한 것이 내게 하지 아니한 것이니라"고 했습니다.

여기서 염소는 하나님을 섬기지 않는 사람들입니다. 따라서 하나님으로부터 쫓겨났습니다. 심판을 당합니다. 양은 왕의 자리에 초대되어 즐거워 합니다. 상속을 받는 복을 얻었습니다. 그들이 어떻게 반응하였는가에 따라 그들의 운명이 결정되었습니다. 부흥은 내 이웃을 내 몸처럼 사랑하며 섬기는 일입니다.

이사야는 하나님의 종이 새 이름을 받을 것이라 했습니다(사 65:15). 땅에서 복을 구하는 자는 "진리의 하나님"을 향하여 할 것이라 했습니다. 땅에서 맹세 또한 "진리의 하나님"으로 할 것이라고 했습니다. 여기에 진리의 하나님은 히브리 말로 "아멘의 하나님"을 말하고 있는 것입니다. 바울은 "하나님의 약속은 얼마든지 그리스도 안에서 예가 되니 그런즉 그로 말미암아 우리가 아멘 하여 하나님께 영광을 돌리게 되느니라"(고후 1:20)고 했습니다. 아멘 되신 하나님을 잘 섬기시어 부흥의 역사가 여러분의 가정과 직장에서 일어나기를 바랍니다.

4. 부흥의 절정은 천국입니다.

이사야 65장의 마지막 부분은 새 하늘과 새 땅을 보여 주고 있습니다. 다음 장인 이사야 66장에서는 지옥의 모습을 보여 주고 있습니다. 하나님을 거역하는 사람들의 종말은 "그들의 벌레가 죽지 아니하며 그 불이 꺼지지 아니하여 모든 혈육에게 가증함이 되리라"(사 66:24)고 했습니다. 부자와 거지 나사로가 죽은 후의 생활에서 음부에 내려간 부자가 물 한 방울을 필요로 하고 있습니다. 왜냐하면 뜨거운 불꽃 가운데서 괴로워하고 있기 때문입니다.

하나님을 잘 믿는 사람들에게 천국의 모습을 보여 주고 있습니다.

"보라 내가 새 하늘과 새 땅을 창조하나니 이전 것은 기억되거나 마음에 생각나지 아니할 것이라"(사 65:17).

"이리와 어린양이 함께 먹을 것이며 사자가 소처럼 짚을 먹을 것이며 뱀은 흙으로 식물을 삼을 것이니"(사 65:25).

이와 같은 천국의 모습은 요한계시록 21:1-2; 베드로후서 3:13; 이사야 66:22에서 나타나고 있습니다.

예수님을 믿는 우리들은 이 세상에서 그분의 사랑, 자비, 정의, 능력, 신유, 창조의 미 등으로 이미 하나님의 나라를 건설하고 있습니다. 거기에는 "기쁨이 가득하고 우는 소리가 들리지 아니한다"(사 65:18-19)고 했습니다

마틴 루터는 천국에 웃음이 없다면 나는 천국에 가지 않겠다고 했습니다.

"모든 눈물을 그 눈에서 씻기시매 다시 사망이 없고 예통하는 것이나 곡하는 것이나 아픈 것이 다시 있지 아니하리니 처음 것들이 다 지나갔음이라"(계 21:4).

거기에는 병원도, 약도 필요없습니다. 모든 것이 저절로 세워지고 자동으로 치료됩니다. 거기에는 장례식도 없고 공동묘지도 없습니다. "이 썩을 것이 불가불 썩지 아니할 것을 입겠고 이 죽을 것이 죽지 아니함을 입으리로다"라고 했습니다(고전 15:53). 하나님 백성들에게는 썩지 않는 영원한 것을 보여 주었습니다. 하나님의 복을 보여주었습니다.

> *"그들이 가옥을 건축하고 그것에 거하겠고 포도원을 재배하고 열매를 먹을 것이며 그들의 건축한데 타인이 거하지 아니할 것이며 그들의 재배한 것을 타인이 먹지 아니하리니 이는 내 백성의 수한이 나무의 수한과 같겠고 나의 택한 자가 그 손으로 일한 것을 길이 누릴 것임이며 그들의 수고가 헛되지 않겠고 그들의 생산한 것이 재난에 걸리지 아니하리니"(사 65:21-23).*

> *"그들은 여호와의 복된 자의 자손이요 그 소생도 그들과 함께 될 것임이라 그들이 부르기 전에 내가 응답하겠고 그들이 말을 마치기 전에 내가 들을 것이며"(사 65:23-24).*

이제 부흥을 맞이한 사람은 괴로움이 없고 응답되지 않는 기도도 없습니다. 우리가 바라보는 비전 그대로 주님을 볼 것입니다. "그가 나타나심이 되면 우리가 그와 같은 줄을 아는 것은 그의 계신 그대로 볼 것을 인함이니"(요일 3:2)라고 했습니다. "성 안에 성전을 내가 보지 못하였으니 이는 주 하나님 곧 전능하신 이와 및 어린양이 그 성전이심이라 그 성은 해와 달의 비침이 쓸데 없으니 이는 하나님의 영광이 비취고 어린양이 그 등이 되심이라"고 했습니다(계 21:22-23).

거기는 조화롭고 평화로움이 가득한 곳입니다. "이리와 어린양이 함께 먹을 것이며 사자가 소처럼 짚을 먹을 것이며 뱀은 흙으로 식물을 삼을 것이니 나의 성산에서는 해함도 없겠고 상함도 없으리라"(사 65:25)고 했습니다. 부흥의 마지막은 천국입니다.

무너졌던 모든 것이 회복되는 것을 보게 될 것입니다. 서로 사랑, 평화, 연합이 이루어집니다. 파괴된 모든 자연이 회복됩니다. 모든 것이 안전하게 되고 평화스럽게 됩니다. 하나님의 나라는 완전히 성취됩니다. 예수님이 이 땅에 다시 오실 때 새 하늘과 새 땅은 완전히 성취될 것입니다. 이것이 부흥의 클라이막스입니다.

부흥의 중심 메세지는 이사야 53장에 예언된 고난의 종 예수 그리스도입니다. 죽음을 당한 그리스도로 말미암아 우리는 부흥을 맞고 이 부흥과 함께 천국의 기쁨을 누립니다. 천국을 향한 부흥이 교회와 가정, 그리고 여러분의 직장 위어 일어나기를 축원합니다.

맺는 말

하나님이 약속하신 부흥이 오고 있습니다. 이 부흥은 오순절 성령 강림을 기다리는 120명의 문도에게 내렸듯이 부흥을 기다리는 모든 사람에게 올 것입니다. 이사야 선지자는 "여호와의 영광이 나타나고 모든 육체가 그것을 함께 보리라"(사 40:5)고 했습니다.

부흥의 중심 메시지는 이사야 53장에 예언된 고난의 종 예수 그리스도입니다. 그 분은 죽었고 부활했습니다. 이것이 부흥의 클라이막스입니다.

"그가 찔림은 우리의 허물을 인함이요 그가 상함은 우리의 죄 악을 인함이라 그가 징계를 받음으로 우리가 평화를 누리고 그 가 채찍에 맞음으로 우리가 나음을 입었도다"(사 53:5).

고난받은 예수 그리스도를 하나님은 다시 존귀케 하여 높였습니다. 따라서 우리는 믿음의 주요 또 온전케 하시는 이인 예수님만을 바라보아야 합니다. 이것이 부흥을 불러오는 힘입니다. 십자가의 능력에서 부흥을 찾을 수 있습니다.

부흥의 근원은 그리스도의 성령의 기름부으심입니다(사 61장; 눅 4장). 성령이 예수님에게 임하였을 때에 가난한 자에게 복음을 전하였고, 포로된 자를 자유케, 눈먼 자에게 보게 함을, 눌린 자를 자유케 했다고 했습니다. 마틴 로이드 존스는 모든 부흥은 오순절 성령 강림의 반복이라고 했습니다.

부흥의 마음은 하나님의 사랑입니다. 그것은 하나님의 긍휼입니다(사 49-50). 우리를 위한 하나님의 사랑은 그의 아들 예수 그리스도를 통하여 보여 주었습니다. 그리고 "우리에게 주신 성령으로 말미암아 하나님의 사랑이 우리 마음에 부은바 됨이니"(롬 5:5)라고 했습니다. 따라서 우리의 반응은 그 분을 사랑하고 이웃을 사랑하는 것입니다. 이것이 부흥을 가능하게 하는 원동력입니다.

부흥의 도구는 그의 종이 되는 것입니다(49장). 예수님의 이름이 부흥의 무기입니다. 그리스도의 승리와 성령의 능력은 교회의 종들을 붙잡고 있습니다. 오늘도 교회의 성도들이 하나님으로부터 사용되어 부흥을 일으키고 있습니다.

교회 부흥의 비전은 건물이 아니라 궁극적으로 선교입니다. 반석 위에 세워진 교회는 선교를 해야 합니다.

> *"네 장막터를 넓히며 네 처소의 휘장을 아끼지 말고 널리 펴되 너의 줄을 길게 하며 너의 말뚝을 견고히 할찌어다 이는 네가 좌 우로 퍼지며 네 자손은 열방을 얻으며 황폐한 성읍들로 사람 살 곳이 되게 할 것임이니라"(사 54:2-3).*

이 부흥의 비전은 반석 같은 주님의 교회 위에서 선교의 사명을 지시하고 있습니다. 예수님도 "너는 가서 모든 족속으로 제자를 삼으라”(마 28:19)고 했습니다.

부흥의 초대는 하나님의 축제 안에서 사람들을 불러오는 것입니다. 목마른 자, 돈없는 자는 와서 값 없이 먹으라고 했습니다. 하나님을 찾는 자는 모두 오라고 했습니다. 악한 길에서 불의에서 돌아서라고 했습니다. 이것이 부흥을 맞는 회개입니다. 부흥과 회개는 천국을 향하여 달리는 자전거 바퀴와 같습니다. 하나의 자전거 바퀴만 빠져도 갈 수 없듯이 부흥과 회개는 함께 있어야 합니다.

우리는 용서와 긍휼을 베풀어주시는 하나님께로 돌아와야 합니다. 예수님은 고난을 통하여 이미 길을 열어 놓았습니다. 이같은 초청은 죄로부터 돌아선 사람에게 해당됩니다. 부흥은 죄인이 죄로부터 떠날 때까지 찾아오지 않습니다. 부흥을 준비하기 위하여 우리는 다음과 같은 것들을 제거하여야 합니다. 우리 안에 있는 불신, 육욕, 거짓, 사기, 불결한 생각, 음담패설, 나쁜 습관, 배은망덕, 불효, 책임회피, 저주, 자기부정, 십일조 도둑, 가난한 자 무시, 인종차별, 용서 못하는 죄, 험담, 시기, 질투, 이기주의, 위선 등등입니다. 하나님의 성결로부터 벗어났다고 생각하면 즉시 주님 앞에 무릎을 꿇고 통회하여야 합니다. 부흥을 원한다면 어떠한 타협을 해서도 안됩니다. 회개는 청소되어진 집과 같습니다.

시편 기자는 말하기를 “여호와의 산에 오를 자 누구며 그 거룩한 곳에 설 자가 누군고 곧 손이 깨끗하며 마음이 청결하며 뜻을 허탄한 데 두지 아니하며 거짓 맹세치 아니하는 자로다”(시 24:3-4)라고 했습니다. 하나님과 우리가 연결되어 있는 파이프 라인이 깨끗하면 성령은 우리의 마음에 찾아 오실 것입니다. 부흥을 위하여 죄를 철저히 회개하십시오.

죄악이 사라진 곳에서는 사랑이 옵니다. 하나님의 사랑으로
일어나는 부흥은 지역사회에 예수 그리스도 이름이 들어가 빛
과 소금의 역할을 하는 일입니다.

부흥은 외치는 것입니다.

우리는 하나님의 나라의 임재를 위하여 기도해야 합니다. 이
러한 부흥은 하나님 나라의 임재를 경험합니다.

참된 부흥은 하나님이 새 하늘과 새 땅을 통치할 때 완전히
성취될 것입니다(사 65-66). 부흥이 오면 모든 악한 일들은 무
너질 것입니다. 주의 성령이 여러분의 가정에 임할 때 어두운
세력은 물러가고 주님이 거하는 거룩한 장소가 될 것입니다.

드디어 포로 생활을 끝내고 부흥을 맞이한 이스라엘 민족에
게 새로운 출애굽이 일어났습니다. 모든 부흥의 약속이 성취되
었습니다. "지금이 은혜받을 만한 때요 구원의 날이로다"고 했
습니다(사 49:8; 고후 6:2). 지금이 소리칠 때요 하늘문이 열릴
때입니다. 지금이 성령의 능력을 가지고 예수 그리스도의 복음
을 전파할 때입니다. 지금이 상처받은 심령이 고침받을 때요
어두운 세력에게 포로된 자가 풀려날 때요, 억압 받고 배고픈

자가 먹을 때입니다. 지금은 회개할 때요 믿음 안에서 주님의 초대에 응할 때입니다. 지금이 사랑할 때입니다. 왜냐하면 하나님은 사랑이시기 때문입니다.

부흥은 하나님의 사랑으로부터 옵니다. 사랑으로 우리를 초대하여 주신 하나님, 구원으로 우리의 생활에 찾아오신 예수 그리스도, 기쁨으로 우리의 마음에 성령님을 모시고 이 사회에 부흥의 불을 붙이시기를 빕니다. 부흥의 심장은 사랑입니다. 대가 없는 사랑 운동을 시작하십시오. 지금 여러분에게 일어나는 사랑의 마음이 부흥을 불러오고 있습니다.

여호와께서 또 가라사대
은혜의 때에 내가 네게 응답하였고
구원의 날에 내가 너를 도왔도다.
내가 장차 너를 보호하여
너로 백성의 언약을 삼으며
나라를 일으켜 그들로 그 황무하였던 땅을
기업으로 상속케 하리라.
(이사야 49:8)

*
하나님이 약속하신 부흥이 오고 있다
*
초판 1쇄 — 1999년 5월 10일

*
지은이 — 엄 복 용
펴낸이 — 이 규 종
펴낸곳 — 엘맨출판사
*
서울시 마포구 합정동 433 - 62
출판등록 — 제10 - 1562호 1998. 3. 19.
*
TEL. — (02) 323-4060
FAX. — (02) 323-6416
*
잘못된 책은 바꾸어 드립니다.
*
값 5,500원

좋은책으로 하나님의 사람을 만들어가는—
엘맨출판사